U0615155

Transformative Dimensions of
Adult Learning

成人学习的
质变维度

[美] 杰克·梅兹罗（Jack Mezirow）⊙著

WILEY

欧阳忠明　黎宸辰　王枝苗等⊙译

江西人民出版社
Jiangxi People's Publishing House
全国百佳出版社

图书在版编目（CIP）数据

成人学习的质变维度/（美）杰克·梅兹罗著；欧
阳忠明等译.—南昌：江西人民出版社，2022.4
ISBN 978-7-210-13955-3

Ⅰ.①成… Ⅱ.①杰… ②欧… Ⅲ.①成人教育－研
究 Ⅳ.① G72

中国版本图书馆 CIP 数据核字〔2022〕第 087928 号

著作权合同登记号：14-2022-0036

Transformative Dimensions of Adult Learning by jack Mezirow, ISBN：978-1-55542-339-1

Copyright ©1991 by John Wiley&Sons,Inc.All Rights Reserved.

This translation published under license. Authorized translation from the English language edition, Published by John Wiley & Sons . No part of this book may be reproduced in any form without the written permission of the original copyrights holder

Copies of this book sold without a Wiley sticker on the cover are unauthorized and illegal

成人学习的质变维度

CHENGREN XUEXI DE ZHIBIAN WEIDU

（美）杰克·梅兹罗　著

欧阳忠明　黎宸辰　王枝苗等　译

责任编辑：饶　芬

装帧设计：同异设计事务

出版发行·江西人民出版社

经销：各地新华书店

地址：江西省南昌市三经路 47 号附 1 号

编辑部电话：0791-86898683

发行部电话：0791-86898801　　邮编：330006

网址：www.jxpph.com

E-mail：jxpph@tom.com

2022 年 4 月第 1 版　　2022 年 4 月第 1 次印刷

开本：787 毫米 ×1092 毫米　　1/16

印张：13.5　字数：180 千字

ISBN 978-7-210-13955-3

赣版权登字 -01-2022-357　定价：60.00 元

承印厂：北京虎彩文化传播有限公司

版权所有　侵权必究

赣人版图书凡属印刷、装订错误，请随时与江西人民出版社联系调换。

服务电话：0791-86898820

21 世纪，终身学习已经成为一种运动、一股潮流，席卷着全球的城市与乡村，推动着经济、政治、社会、文化的发展，并对人类生活质量的提升产生了重要影响。与此相呼应，终身学习的理念也已经成为许多国家进行教育改革的重要指导思想，我国也不例外。《中华人民共和国国民经济和社会发展第十四个五年规划和 2035 年远景目标纲要》提出，要"完善终身学习体系，构建学习型社会"。我国终身学习理论体系的构建，既需要从过去和现在的实践中加以总结、概括、提炼，以形成一批具有中国特色的终身学习教育理论研究成果；同时，又需要了解、学习和借鉴国外终身学习理论的相关研究成果。在这方面，自 20 世纪 80 年代始，我国学者就翻译并出版了一些具有国际影响力的终身学习理论研究成果。但是，随着终身学习实践在我国的深入推进，在理论成果的引进、借鉴上有了更多的、更迫切的需求。"他山之石，可以攻玉。"在发展终身学习理论研究方面，我们仍须以开放的态度对待国外的经验，通过比较、鉴别和有选择地吸收，紧跟国际终身学习思想潮流、融入国际学术话语体系，以丰富我国终身学习的理论与实践。

作为成人学习领域重要的理论流派之一，质变学习在成人教育研究领域成果日益增多，并逐渐拓展到心理学、社会学等其他学科领域，从而呈现出旺盛的生命力。作为质变学习的理论发起人，杰克·梅兹罗所著的《成人学习的质变维度》对质变学习理论的理论基础、发生机制、发生过程等进行了系统的分析和介绍，对于我们深刻认识该理论，并把该理论应用到终身学习领域的实践中具有重要指导意义。为此，译者组织团队对该著作进行翻译，历经两年的时间终于完成。欧阳忠明负责全书的统稿，并翻译了序言、第一章；黎辰宸翻译了第二章、第三章；王枝苗翻译了第四章、第五章；郑丹丹翻译了第六章；乔星玮翻译了第七章。吴俊、王江雁、徐卓玥、王子鹤、袁舟、李会荣、李林溶、林舒蝶参与全书的校稿和统稿工作。由于本书涉及大量的社会学、心理学、哲学领域的专业知识，虽努力完善，但译文依然会存在诸多不足，还请读者多多包涵。

欧阳忠明

2022 年 4 月

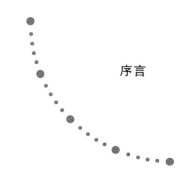

序言

　　成人学习理论与实践之间产生断层，这令人感到十分忧虑。对成人学习感兴趣的心理学家常常发现自己被困在特定理论和范式的框架内，如行为主义心理学家或精神分析心理学家，他们彼此之间很少交流，更不用说与教育工作者之间存在什么沟通。哲学家、语言学家、社会学家和政治学家对成人学习也感兴趣，用不同的参考框架和词汇来解释成人教育，但很少有人尝试通过综合不同群体使用的不同理论来供成人教育工作者使用。

　　因此，成人教育工作者——指导者、辅导者、培训师、家庭教师、社会工作者和其他人员往往凭感觉行事。那些不熟悉成人教育文献的人倾向于使用他们在大学或公立学校使用过的方法——这些做法往往与成人不匹配，而且与成人教育领域研究者的普遍共识不相容。这些学者基于共同经验对成人教育有一个专业方向定位，即"理论与实践的统一"。然而，这种经验通常是建立在行为主义者的假设之上，因为行为主义者的方法有很多特征可以被权威控制，比如问责制、可测量性以及对预期行为结果的关注。其他成人教育研究者可能会尝试接受人文主义心理学中吸引人但又模糊不清，甚至有时相互矛盾的假设。这两组假设都没有提供一个合理的基础去帮助成人教育工作者实现该领域许多管理者所设想的、广泛的社会和政治目标。

这些心理学理论缺失一个"意义"维度——它是如何被解释、确认和重新制定的，以及影响成人如何理解他们的经验所存在的社会条件。这就需要有一个学习理论能够解释成人学习者如何理解他们的经验意义、影响解释经验的结构的本质、转换意义所需要的动力以及当学习者发现意义结构功能失调时意义结构转变的方式。这些理解必须在成人发展和社会目标的背景下加以诠释。针对成人教育工作者以意义为中心的学习理论可以为成人教育哲学提供坚实基础，从中可以得出目标设定、需求评估、课程开发、教学和研究的适当实践。成人学习的质变维度试图提供这样一个理论并诠释其与成人教育的相关性。

质变理论的基础

乔治·凯利（1963）发现，由于同一事件可能被来自不同学科的人同时解释，而且我们没有普遍的构念系统，以至于我们每个人的每个构念或理论都有自己有限的"便利范围"。但在有限的经验范围内是合理正确的事情，在经验范围之外未必正确。不同学科的学者从不同的角度看待相同的概念并使用不同的词汇进行表达。这里提出的质变理论不仅受到个人局限性的限制，而且还受到这样一个事实的限制，即它是一个成人教育工作者为其他成人教育工作者制定的。

质变理论试图阐明语言能力或人类发展中隐含的普遍条件和规则。具体地说，就是试图解释成人学习的结构方式，并通过什么样的过程来确定看待和解释我们经验（意指观点）的参照系发生了改变或质变。在这种重构方法中，它遵循了乔姆斯基、皮亚杰、科尔伯格等大多数心理学家对成人发展的理论分析；社会学家如哈贝马斯，他对交往行为所需的社会和语言条件进行理论分析；哲学家如贝特森和塞尔直接讨论了学习理论。

正如本书所述，质变理论是对当下建构主义、批判理论、解构主义和所有社会科学、法律、文学和艺术的背离。质变理论源于心理学和心理治疗的认知革命，这场革命由许多研究所引发，这些研究发现，与其说人们发生了什么事，不如说他们解释的方式和内容决定了行为、希望、满足感与幸福感以及表现。

菲利普·坎迪（1989）提出了以下建构主义思想的假设：

1. 人们参与现实的建构；

2. 建构发生在影响人们的环境中；

3. 建构是一项持续不断的活动，注重变化和新颖性，而不是固定条件；

4. 普遍接受的类别或理解是社会建构的，而不是来自观察；

5. 既定的理解形式取决于社会进程的变迁，而不是视角的经验有效性；

6. 协商谅解的方式与其他人类活动有着不可分割的联系；

7. 研究对象应被视为认知主体；

8. 控制点存在于受试者本身，复杂行为是有目的地构建。人类能够快速处理复杂的交流和组织复杂的事物；

9. 人与人之间的互动是基于复杂的社会角色，而规则通常是隐含的。

质变理论背后的建构主义假设蕴含一个信念，即意义存在于我们自身，而不是以书本等外在形式存在，我们从经验中获得的个人意义是通过人际互动和交流获得并得到验证。我们对事物的行为是基于事物的意义，这些意义通过我们在处理事情时所使用的解释过程来处理和修改。就任何特定个人而言，事情的本质是由个人赋予的意义所构成。这并不否定外部世界的存在，而只是宣称我们对这个世界的理解完全依赖于个人过去的经历。观念决定感知，我们只有通过现实行动才能了解现实和认识现实。这个观点的前提意义即解释，而且由于信息、观念和情境的变化，我们对现实的解释总是会被修改或替换。

质变理论并不是一个现有的智力理论或传统（如行为主义、新马克思主义、实证主义或人文主义心理）的系统延伸。例如，尽管我从哈贝马斯的著作中汲取了一些思想，但并没有从他所属的法兰克福学派的角度来写作，也没有试图系统地解释哈贝马斯或其他理论家对成人学习的看法。但我采纳了哈贝马斯的一些观点，例如他区分工具性学习和交往性学习，以及对理性对话的理想条件的描述；同时尝试改变其他观点，例如，把解放学习的过程拓展到工具性学习领域（参见第三章）。

本书融合了哲学、心理学（发展、认知、咨询和精神分析）、社会学、神经生物学、语言学、宗教和教育等领域众多作者的观点，当然，我也提出了自己关于创造意义、反思和质变学习动力的想法。我希望这里提出的观点能够相互联系并与我们的共同经历相联系，而不是评估它们对某一特定的知识传统、理论或学科的忠诚程度。

内容概述

第一章概述了一种新兴的成人学习质变理论，将其与其他成人学习理论进行比较，并描述通过这些理论来理解经验的动态过程（包括前语言的和语言的）。第二章探讨了意义视角或期望习惯是如何作为感知和认知代码来构建我们对经验的感知、思考、感受和行动方式。第三章解释了有意学习的本质（与第一章所述的隐性或无意学习相反）。本章对哈贝马斯的交往行为理论进行了简要概述，为质变理论提供了社会理论背景。本章还区分了学习控制和操纵环境（工具性学习）、学习理解所交流内容的意义（交往性学习）和学习理解自我和自我的观点（解放或反思性学习）。第四章阐释了反思的概念，并说明了反思如何改变、意义图式（特定的态度和信念）改变和意义视角（意义图式的集合）。第五章描述了几种意义视角下的扭曲（包括认知、社会语言学和心理扭曲），这些扭曲会限制理解经验的能力。第六章描述了质变视角在成人发展中的作用，总结了几位作者对质变视角及其动态的概述，并列举了不同环境下对质变视角进行的研究，这些研究集中于个人和群体。第七章总结了本书，讨论了质变理论所提出的成人教育哲学、伦理、社会和方法论问题，并提出了解决这些问题的可能途径。

背景及影响

本书是我过去十年中持续对质变理论研究感兴趣的产物。我对该理论研究的长期参与与四件事情息息相关。第一个是自己职业生涯中遇到的危机或称之为"迷茫窘境"。我早年的职业生涯大部分时间都是一名成人教育工作者，参加美国和国外的社区发展和成人扫盲计划，致力于培养民主的社会行动。个人也十分有幸地在许多第三世界国家担任顾问，培训社区发展方面的专业人士，并就这一主题撰写了大量的文章，我把认同感投入到作为社会行动教育者的自我形象中。

然而，在20世纪70年代初，我读了保罗·弗莱雷和伊万·伊里奇的著作，这些著作明确质疑了我相对简单的社会行动教育前提的有效性，并因此质疑了在促进这种学习项目中所扮演角色的有效性。我的工作存在一个关键问题，对"意识化"在学习过程中的中心地位缺乏认识〔Freire，将"意识化"定义为成年人"实现对塑造他们生活的社会文化现实和通过行动改变现实的能力"（1970）〕，以及根深蒂固的权力在培养社区发展进程中的重要性。这一认识改变了我对世界的意义视角或看待世界的视角及基本方式，促成了一个持续了几年的吸收过程的质变学习。

大约在同一时间，妻子Edee在离开正规学校几年后，决定回到大学完成她的本科教育。我对她和她的学习都很感兴趣，发现她的经历有了巨大改变，并且随之带来了新的事业和生活方式，这既令人着迷，又很有启发。她的经历促使我想进行一项雄心勃勃的、全国性研究的决心更加坚定（Mezirow，1975；本书第六章中作了简要描述），并由此形成了最早的质变视角概念。

我有机会利用休假时间与精神病学家罗杰·吉尔德一起工作，这是最后一个有价值的且具有形成性影响的事情，当时他正试图完善一种方法，利用在研讨会上准备的练习册，将心理治疗的一些方法改造成一种教育形式。他研究那些处于艰难生活转折期的成年学习者如何通过质变学习体验来克服童年时期的学习障碍，从而为我的理论增加了一个心理学维度。这似乎是弗莱雷意识化过程的自然延伸，包括学习型社会假设，同时也证实了我们对重返大学女性的研究发现——学习困难源于对知识形成和使用的扭曲观念。

简而言之，本书既是一个载体，也是一项丰富的长期学习经验的产物。通过它，希望唤醒批判性对话，既可以验证我的非传统观点，也可以帮助成人确定哪些方面的改变必要。我试图综合前人著作的思想，将观点融入其他的思想并与他人合作，形成一个成人学习理论，我想，这对从事成人学习的专业人士有所裨益。

致谢

我要感谢 Jerold Apps、David Deshler 和 John Dirkx 对手稿的敏锐性、批判性和参考性的评论；感谢 M.Carolyn Clark、Susan Collard、Mechthild Hart、Michael Law 和 Arthur Wilson 对个人早期作品的建设性批评；以及其他提供相关材料和参考资料的人。Jossey-Bass 和 Lynn Luckow 的鼓励对本书出版产生了重要影响。Lisa Yount 是个出色的文案编辑，敢于挑战传统观念。她修改晦涩难懂的段落，重新排列内容，并帮助消除不必要的行话。最后，我非常感谢 Edee Mezirow，没有她的质变经验、洞察力、宽容、幽默和同理心的支持，本书不可能完成。

Jack Mezirow
1991年2月于纽约

目　录

意义建构：学习的动态

　　成人学习者往往被自己的历史所束缚。无论多么善于理解经验，我们都必须从收获开始，并通过先前学习获得的观察和理解方式所设定的视野范围内运作。这种形成性学习发生在童年时期——通过学校教育和社会（从父母、朋友和导师那里对规范的非正式或隐性学习，使我们能够融入社会）两种方式。虽然随着年龄增长，我们被鼓励在学习中变得更加自我导向，但特定的文化、父母或父母代理人的特殊要求所提供的学习也值得鼓励。我们的语言、文化和个人经验形成了受认可的观察和理解方式，但往往为未来的学习设定了限制。

第一节　学习的文化背景

　　鲍尔斯（1984）总结了知识社会学关于社会化的研究结果，提出了以下五个命题：

　　命题一：社会通过交流实现共享、持续和不断地协商。

　　命题二：社会化使个体的主观自我以一种独特的传记方式建立，使其成为一套解释日常生活的规则。

　　命题三：个人往往把日常生活中的社会世界作为自然的甚至不可避免的现实秩序进行学习和体验。这种对日常世界的态度被认为理所当然。

　　命题四：个体的自我概念通过与重要他人的互动而形成，不仅需要社会共享的知识，而且需要了解他人与知识的关系。

　　命题五：人类意识具有意向性，意识的意向性保证了社会化存在不确定性。

社会化包括内在的不平等。父母和导师对自己的解释、价值观进行了身份投资，界定了孩子的现实，包括认识社会威胁的方式、与权威有关的方法、对拒绝和失败的反应、竞争、角色扮演和负责任地利用时间等基本要素。

正如鲍尔斯所指出的，社会化包括将定义、假设和专断的类型化内化，这些定义、假设和专断的类型化被认为理所当然，并被重要他人所传达。因此，不受压迫的自主个体形象是虚幻的，尽管个人独特的社会传记、观点和对不同解释方案的认识保证了个人不会完全成为决定论的受害者。鉴于社会化的本质，压迫和自由之间常见的简单二分法失去了可信性。我们永远不能完全摆脱过去。鲍尔斯将自主性重新定义为"使信息系统明确化的过程"，使我们能够重新制定一个约束性的参照框架。

由迅速而剧烈的变化以及信念、价值观和社会实践的多样性所产生的矛盾是现代社会的一个特征。在这样一个社会中，成年人面临着一个紧迫的需要，即不要被变化所压倒。社会化和学校教育下的这种之前公认的权威来源和早期学习已不再满足他们的需要。他们发现需要获得新的视角以便对不断变化的事件进行更全面的了解，并更好地控制自己的生活，而不仅仅是通过更努力地运用旧的认识方式来适应不断变化的环境。童年的形成性学习在成年后变成了质变学习。但不幸的是，负责促进成人学习的理论家和实践者尚未充分认识到成人质变学习的重要性及其动态性。

鲍尔斯提出了现代化进程中的一个过渡阶段，在这一阶段，一种文化传统权威形式的瓦解使新意义的谈判成为可能，并通过一种更加民主和教育性过程的形式，创新的权威形式。正是在这些思想和社会实践的"界限空间"中，个人处于既定的思想和行为模式之间，可以协商新的权威定义和概念。这种不确定的、过渡状态的存在赋予了对话一个强大的新角色：那些能够以新的方式命名"是什么"并能说服他人相信他们的命名具有相应的权力。

为了自由，我们必须能够"命名"我们的现实，知道它不是理所当然的东西并发出自我声音。因此，至关重要的是，个人学会批判性、反思性和理性地协商意义、目的和价值观，而不是被动地接受他人定义的社会现实。质变理论描述了成人学习这么做的动态过程。

文化可以鼓励或阻止质变思维的发生。现代化创造了对学习质变的迫切需要，由于成人对预设的批判性反思能力的发展变化，这种质变成为可能（这一主题将在第三章中详细阐述）。质变理论为社会化理论提供了一个必需的、解放的维度。

第二节 质变理论概述

本书试图纠正成人学习理论中的一个明显疏忽，即没有认识到个体习得的参照框架所起的中心作用——通过这个参照框架来解释意义和进行所有学习，以及在学习过程中期望习惯的质变。以下简要介绍质变理论中涉及的核心概念。每一个都在本章后面和整本书中作详细说明。

这里的方法区分了符号模型或原型（自由女神像、汽笛、滴答作响的时钟、卡米洛特、正午时分，Gary Cooper 独自一人站在一条荒芜的街道上，勇敢地等待着危险的命运），我们想象性地投射到的感官印象上去解释意义，以及运用习惯性期望，把这些符号组织成系统。一系列的习惯性期望或"意义视角"（由意识形态、学习风格、自欺欺人的神经质所组成）构成了控制感知、理解和记忆活动的代码。我们投射到感官感知上的符号是通过意义视角过滤出来的，由此产生的"负载"感知通过言语被客体化。语言是一个以符号形式存在的理想对象系统，它与外部世界的对象、事件没有直接关系。意义是一种解释，创造意义就是解释经验，换句话说，就是赋予经验连贯性。意义通过前语言学、线索与符号模型以及语言来构建。这两种理解意义的方式是一种互动的过程，涉及意识的两个维度，即表象和命题。

　　未经批判地同化的习惯性期望或意义视角作为理解意义的方案、感知和解释代码的观点，构成了建构主义成人学习质变理论的核心动力和基本假设。这些意义图式和视角构成了我们感知和理解新数据的"边界结构"。经验通过重新聚焦或扩展我们对事物应该是怎样的期望来强化个人意义系统。为了避免焦虑，我们允许意义系统削弱对事物真实情况的认识，从而形成一个注意力受阻和自我欺骗的区域。通过对过去被不加批判地接受的假设进行反思，克服有限的、曲解的、任意选择的感知和认知模式，对成年期的发展至关重要。

　　成人学习的一个重要方面就是证明或验证所交流过的想法和先前学习的预设过程。不加批判地同化预设可能会扭曲我们的认知方式，包括认知假设；我们的信念方式，包括社会规范、文化或语言规范和社会意识形态；以及我们的感觉方式，包括压抑儿童的父母禁令，这些禁令通过焦虑来控制成人的感受和行为。正是在这样一个协商过程中，问题性的意义图式（具体的知识、信念、价值判断或情感的解释）被确认或否定，意义视角（规则系统治理的偏好和认知）在大幅度地重组下，所表达的想法往往真实或有效。

　　自然科学中常见的假设检验和演绎逻辑常常被认为是人类解决问题的类比。质变理论认为，这种逻辑与工具性学习（学习操纵物理对象或其他人）有关，但不太适用于理解所交流内容的含义。在交流领域，解决问题的逻辑不同，隐喻类比取代假设，每一步都决定下一步。质变学习涉及对前提的反思性评估，这是一个基于另一种逻辑的过程，是一种通过认知结构识别和判断预设的活动。

　　由构成对经验解释的特定知识、信念、价值判断和情感组成的意义图式，通过在逐渐扩大的语境中反思问题解决的内容或过程，变得更加分化、整合或质变。通过对问题解决的基础假设的反思，习惯性期望和意义图式会发生变化。反思包括效度测试，可以是采取深思熟虑的行动的一个组成部分，也可以涉及行动过程中的一个间歇期，在此期间，对问题解决的内容、过程或前提进行追溯性批判。对内容或过程的反思可能导致意义图式的细化、创造或质变。对假设的反思包括对这些前提的批判，可能导致意义视角和被解释经验的质变。

反思性学习包括对假设的评估或重新评估。每当假设或前提被曲解、不真实或无效时，反思性学习就变得具有质变性。质变学习会产生新的或质变的意义图式，或者，当反思集中在前提时就会转变意义视角。就成人教育致力于培养反思性学习而言，它的目标是确认或转变解释经验的方式。

质变理论认为记忆是知觉和认知的内在功能，是在新的语境中重新认识和重新解释先前学习经验的积极过程。当旧的意义图式被证明不充分时，所涉及的辩证法可能会导致新的意义图式产生。记忆取决于最初经验与过去学习的整合程度，以及记忆被调用的频率。当体验与意义的结构方式不符或引起焦虑时，整合的可能性就降低了，记忆也可能会扭曲。

记忆似乎涉及识别先前有意义的对象或事件，并加强或改变了现有的意义视角或者一个或多个特定的意义图式。我们记得由习惯性期望组织起来的象征性模型，用这些框架来解释感官感知。当联想关系减弱或大脑的信息储存能力超出时，我们不会遗忘，但是当事件不再可识别，它的背景就会发生改变，或者期望的习惯发生改变时，我们就会遗忘。因此，质变理论认为，年龄所涉及的变化反映了不同维度的质变，如情境意识、焦点、目标意识、批判性反思以及学习的认知维度的更大整合，而不是认为学习或记忆随着年龄的增长而下降。

成人发展被视为成年人通过反思性对话验证先前学习的能力，并根据由此产生的见解采取行动的能力。任何能使个体朝着更具包容性、差异化、渗透性（对其他观点持开放态度）和综合意义的观点前进的任何事物，其有效性通过理性对话得以确立，这都有助于成年人的发展。

尤尔根·哈贝马斯所定义的自由、充分参与反思性对话的理想条件也是成人学习的理想条件。它们意味着一套基于人类交流本质的社会和政治目标。交往行为理论（1987；1984）为质变学习理论提供了社会理论背景，其著作对理解质变学习理论有很大帮助。

第三节　成人学习的其他理论

质变理论提供了一个不同于目前主流成人教育方法的视角，这些方法强调刺激反应关联的功能或信息的编码、存储和检索。由于这些理论没有集中于关注解释、效度测试和意义重组的结构、过程，因此，对于那些希望促进成人显著学习的专业人士而言，它们的作用有限。一些理论被胡尔奇和彭茨（1980）归为成人学习和记忆心理学基础研究的三个历史性质变。

一、关联理论

直到 20 世纪 50 年代末，关联理论才占主导地位。根据这一理论，学习涉及刺激 – 反应结合的形成，这些联系决定了记忆的内容。活动是外部刺激的结果，学习和记忆的变化是定量的，而不是定性的。刺激反应关联的数量和重复次数的增加会导致记忆保留。解决问题和情感行为可以简化为由特定因果关系控制的简单现象。

记忆包括在适当的刺激条件下做出先前获得的反应。遗忘包括通过干扰或衰减削弱联想联系。老年人比年轻人更容易受到干扰，学习和记忆能力可能会出现不可逆转的衰退。

发展包括行为的改变，后期的行为可从早期的行为中预测出来。研究的重点是分析行为 / 情境因素和发现因果关系。

二、信息加工理论

成人学习的信息处理模式自 20 世纪 60 年代初以来一直占据主导地

位。该理论认为记忆痕迹存在于三种类型的存储结构中：感觉存储、短期存储和长期存储。通过注意力、排练和组织等"控制操作"，材料从一个存储结构转移到另一个存储结构。

感觉记忆被描述为刺激的视觉或听觉副本。如果不进一步处理，这些存储的表征将会衰退。处理感官存储中的信息可以将这些信息转移到短期记忆存储中，在短期记忆存储中，信息项根据视觉和声音的特征进行编码。短期存储的容量有限，其中的项目经常被其他信息取代和丢失。信息项可以通过排练在短期存储中保存更长时间，也可以通过语言符号处理的方式转移到长期存储中。长期存储器的容量是无限的。从长期存储中检索信息项取决于信息材料的组织或精细加工。记忆的质变是由材料从一种存储结构转移到另一种存储结构的过程中产生的，其中一些过程是由个人控制的。

信息加工理论认为，我们学习和记忆不是一系列的刺激 – 反应关联，而是通过各种加工机制组织起来的一个积极整体。根据这一理论，感觉和短期储存能力的年龄差异是最小的，但在涉及学习和记忆的主动加工中，存在年龄相关的减量。这些减量可以通过操纵诸如学习材料和教学组织等变量进行修改。

发展被视为质和量的结构性变化，难以从以前状态预测后面状态。研究的重点是明确年龄和其他影响记忆编码、存储和检索过程的因素。

三、情境理论

最近出现了一种学习和记忆的方法——"情境法"。这种方法将经验视为具有整体意义的事件。事件的特质是有机体与环境之间相互作用的产物，或有机体所经历事件的总和。经验的本质被视为持续的活动和变化。学习和记忆取决于事件的不同背景——心理的、社会的、文化的、身体的——以及要求记忆和学习证据的背景。

在情境理论中，学习和记忆是个体与情境相互作用的副产品。理解存在于心理、语言、问题解决、社会和文化过程之间的接口。记忆是对过去事件的重建。它的成功取决于材料在获取过程中如何衔接和整合过去的经验，而这些经验又取决于事件所属的全部经验。记忆也依赖于习得之后的事件。随着个体环境的变化，事件被不断地构建和重构。

记忆、感知和学习密切相关，包括新信息与过去经验的整合。过去的经验为整合和区分信息以及确定事件的意义提供了边界条件。图式是这种边界条件的一种形式，是事件有组织的表示，可以作为原型、规范或情境。新信息与过去经验的关系使学习者能够超越所提供的信息。

记忆包括对过去事件的再创造。如果这些事件与之前的知识很好地结合在一起，并且没有干扰事件的介入，那么记忆将得到增强。记忆可以是再生的、建设性的或重建的，可以包括经验的副本、新经验的意义建构或先前经验意义的重新解释。

研究从事件向外延伸到更广泛的背景，而探究的目的是在背景中识别和描述这些质变。情境理论关注的是一个人所经历事件的本质。与本节所述的其他成人教育理论相比，质变理论与这些理论的联系更为紧密。

第四节　意义作为一种诠释

我们需要了解自己的经验，这也许是最独特的人类属性。我们必须了解它们，才能知道如何有效地采取行动。"只有当有关的事情对我们有意义，只有当它们可以通过某种方式来达到结果时，我们才有可能有意地、蓄意地控制它们"（Dewey，1933）。

学习意味着使用已经创造的意义来引导我们对当前正在经历的事情进行思考、行动或感受。意义是一种解释，能够理解我们的经验或使经验有连贯性。

一、学习创造意义

创造意义是学习的核心。学习过程可以被理解为能力的延伸：明确、图式化（在参照框架内建立联系）、适应（接受自己的解释）、记住（要求更早的解释）和验证（建立真理、正当性、适当性，或所断言的真实性），并对我们与环境、其他人或接触的某些方面采取行动（决定、改变态度、改变观点或执行）。学习总是要把一个新的经验明确化，并加以图式化，而后占有，最后付诸行动。当我们在解释经验的过程中，质疑一个新表达的或隐含的想法，或通过先前学习获得的想法的真实性及适当性时，我们会寻求验证。认识到验证知识对成人学习过程的重要性很重要。

学习是一个辩证的解释过程，在这个过程中，我们在旧的期望指导下与对象和事件互动。通常，当我们学习到一些东西时，往往会将旧的意义赋予新的体验。换言之，我们用既定的期望来解释和阐释所感知到经验方面的本质，而迄今为止，这些方面一直缺乏清晰性或被误解。然而，在质变学习中，我们从一系列新的期望中重新解释一个旧的经验（或一个新的经验），从而赋予旧经验新的意义和视角。

当面对理解的事物时，我们对先前学习的期望会成为选择性感知的习惯，它决定着我们如何界定经验，以及如何选择过去经验告诉我们那些可能与理解相关的元素。我们必须梳理过去的经验，也就是说，通过其他解释以便评估哪些是相关的。因此，先前经验的组织方式和解释其相关性的方式成为做出新解释的核心。

二、界定学习

学习可以被理解为使用先前的解释来构建一个新的或修正经验意义的过程，以指导未来行动。

我们用修正后的解释来指导未来的行动。这里的行动包括做决定、建立联想、修正观点、克制或解决问题、改变态度或者改变行为。行动在质变理论中不只是行为、某种原因的结果，而是"实践"一个目的的创造性实施。

记忆是学习的核心，因为我们用旧的解释来学习。任何新的或修改过的解释也必须被记住，以便在之后进行推断、分析、综合、归纳或判断时使用。如果一种解释没有被记住，它意味着思考而不是学习。这里的解释是指提供某物的意义，也可以指从某事中推断或解释某事。

解释是对经验的有意义解释。我们将在后面的章节中说明，在知觉中，解释是如何在我们的局部意识之外不使用语言范畴的情况下发生的。相比之下，理解是一个使用通过语言获得的范畴让经验变得连贯的过程。在任何一种情况下，解释都是有意义的，因为学习者在其中找到了相关点。

思考和学习是相互重叠的术语。思考指的是直接的、有意识的心理过程，包括联想、区分、想象和推断。解释可能是有意地思考的结果，但往往也包含文化同化或"隐性"学习。学习包括运用思维过程在新的情境中做出或修改解释，运用先前的思考和/或先前的隐性学习所产生的知识来解释新情境中的意义。

即使是在精神运动学习的情况下，很难想象一个人在对这些活动毫无设想（解释）的情况下，他是如何学习骑自行车、玩杂耍或滑雪的。学习一项运动技能意味着指导我们的行动，解释如何做一些事情，使经验得到修正。我们学习的是经修正或改进的解释，指导我们如何执行，以及更有效地利用身体来掌握技能。

从我们第一次发现哭闹和被喂食之间的关系，我们的解释赋予经验以意义。我们不经意地、不加思考地学习强化反应，因为它们对我们有意义。情感是对感觉意义的解释。当我们学会如何解释它们对他人和自己的意义时，感觉和刺激就会转化为情感。

根据苏联心理学中的活动理论，质变理论主张，学习和注意力、记忆、思维一样，最好理解为一种由社会互动产生的活动，包括目标、行动和目标导向行动的实施条件，所有这些都必须考虑在内（Wertsch，1979）。

要解释学习活动，我们还必须分析它的起源、发展和后果。

三、学习情境

重要的是要理解学习总是涉及以下五个主要相互作用的环境：

1. 学习所嵌入的参照体系或意义视角。

2. 沟通条件：掌握语言；界定类别、结构和标签的代码；以及验证有问题言论的方法。

3. 学习发生的行动路线。

4. 学习者的自我概念。

5. 所遇到的情况，也就是做出解释和记忆的外部环境。

行动路线与实现学习者的目的和意图有关，也与学习者的意动权力有关。意动包含了欲望和意志，即一个人想要做某事的强度。它受到社会化过程中出现的隐性学习的制约。行为意图包括意动、认知和情感三个维度。直觉——不用语言或推理就能获得直接知识的能力也起着关键作用。朝着一个目标前进往往会使一个人朝着同一个方向前进。赫伯特·布鲁姆（1969 年）作为乔治·赫伯特·米德思想的主要阐释者，是第一批明确强调了行动路线在任何社会交往中起关键作用的美国社会科学家之一。虽然很少被明确承认，但行动路线是感知、记忆、解决问题和学习的核心因素。

学习的第四个方面，即很容易被忽视的自我形象。格林德林（1978—1979）让我们想起了海德格尔的"心态"（Befindlichkeit）这一概念，一种自我的"感觉"——我们如何感觉、事情如何进行以及如何看待所处的处境。这种感觉的意义是隐含的，也就是说，它永远不等于特定的认知单位。我们通过诠释它或反思释义来解释感觉，用它作为评估我们对处境的解释是否正确的标准。我们的感官知识是有意识的。海德格尔写道："可理解性总是在被恰当地解释之前就已经被表达出来了。语言是可理解性的表达"（Boyd & Myers, 1988）。这里所指的是"表象解释"的范畴，重要的是要强调这一事实，即这个前语言领域影响并在某种意义上监督我们将语言概念应用于经验的努力，发生这种情况的过程是直觉。

四、反思

反思是有目的的，而目的作为组织原则可使活动连贯有序。很明显，反思是不同的，它取决于学习者的目的是任务导向的问题解决，理解别人的意思或是理解自己。

成人所做的最重要的陈述涉及一系列连续的判断，如什么是重要的、公正的、相关的、有价值的、真实的、可信的或类似的判断；某事的原因；或者采取的最佳行动。这些判断建立在假设的基础上，而这些假设可以被质疑。因此，对假设的反思在学习理解意义方面变得至关重要。

反思与内省不同，后者指的是简单地意识到我们以某种方式感知、思考、感受或行动的事实。大多数时候，我们的思考和学习都是非反思性的。所有的反思都包含批判。正如我将在第四章中指出的那样，把反思看作是对先前学习的有意的重新评估，通过识别和纠正其内容、过程或前提的曲解来重新建立其有效性，它有着明显的优势。我在之前的作品中提到的批判性反思性关注是后一种考虑，即对前提或预设的批判，这些前提或预设由预测期望的习惯所决定。

第五节　感知：前反思学习

学习不仅仅是语言的功能。前反思学习是指在使用语言形成类别之前进行的学习，它涉及我们区分空间、时间、方向、维度、顺序、实体、焦点、状态、情绪、感觉和事件的标点符号（识别事件的开始和结束）的能力，这种能力会随着经验而改变。这种前语言层面的学习特点在 Jung 的著作中得到了最充分的阐述。博伊德 和迈尔斯（1988；可参考 Boyd，1989；Boyd，Kondrat & Rannells，1989）描述了荣格的想法与质变学习的相关性（见第六章），我们的"执行"代理感——即自我独立于社会强加的期望、评估或条件做出决定的能力——位于这个前语言领域。

我们也会利用先前学习以便将新的经验与相关的想法联系起来。这种基于先前经验的回顾和解释的隐性过程，以划定将要参加的新经验的一部分，这就是我们所说的感知。类型化指的是从先前学习中对结构进行非反思性的回顾和选择，我们用这些结构来解释新经验的意义。Zaner（1981）认为，如果不把实际事物作为一种可能性来理解，就不可能将其理解为实际。

如果我们要解释或阐明一段迄今为止还不清楚的经验，或者即使我们首先将其视为与兴趣相关的东西——而兴趣在这里是决定性的，我们必须考虑经验的某些方面，而忽视或排斥其他方面。哲学家珀斯认为，每一种有意识的感知都是一种认知行为，因为它涉及通过将经验与适当符号的内在背景相匹配来识别经验（对象、事件、行为或情感）。对格式塔的理解不是象征性的理解。意识到某物是某物通常不是一种涉及符号和标志的认知行为。珀斯说："仅仅说一个人意识到了什么是不够的，人们也要意识到某物是某物"（Geertz，1973）。

通过这个过程，我们可以毫不费力地、无意识地识别出熟悉的物体。一个不熟悉的对象使我们意识到一个匹配的术语——解释对象含义并使其被熟悉的适用符号模型——丢失了。正如珀斯所说，如果我在远处看到一个物体，却没有完全认出它来，实际上我可能会把它看作是一系列不同的东西，当我走近时，每一个东西都会被合适的标准所拒绝，直到其中一个被肯定地证明。在田野里的一片阳光下，我可能真的看到了一只兔子——这比猜测它可能是只兔子要确信得多；不，感性格式塔被这样解释，实际上被兔子的本质打上了烙印：我可以发誓它是一只兔子。当走近时，阳光的图案会发生足够变化，因此阳光投射的影子就不再是兔子。兔子消失了，我又给投影匹配了一个不同的物体：它是一个纸袋等等。但最重要的是，"正确"的认识和不正确的认识一样，也是一种理解的中介；它也是一种投射、一种配对和一种近似。顺便让我们注意到，即使它是正确的，即使所有的指数都证明了这一点，但有它有可能像发现一样有效地隐藏。当我认出一只奇怪的鸟是麻雀时，我倾向于用恰当的措辞来描述这只鸟：它只是一只麻雀。

结构语言学认为，语言符号既包括所指内容（声音或视觉形象），也包括所指意义。这两个部分之间没有必然联系；理论上，任何能指（语言的符号形式）都可以代表任何所指概念。例如，同一个对象在不同语言中用完全不同的词来标识，且某些对象或事件在有些语言中没有对应的名称。

另一方面，符号涉及这两个部分之间合理而有意义的关系。一个蒙着眼睛拿着天平的女人象征着正义，其他的符号则不然。符号是体现意义的形式。它们还暗示着所象征的"理想形式"。符号所代表的理想正义具有平等、回报、公平和责任的品质。每一个特征都意味着一个理想。符号不仅表示事物，而且例证事物。符号并不代表它们所指代的实质品质，而是直接呈现它们所指的实质性品质。这些品质和所隐含的理想是投射在被感知的对象和事件上（Parsons, 1988）。甚至在有意识地研究对象或事件的本质之前，我们就已经给它们赋予了意义。

记号和符号都由不同的文化组织成语法。这些语法构成了解释代码或管理系统的规则，部分在系统之外则没有意义。文化符号是我们体验到的有意义品质。经验并不依赖于理解而从变得有意义所必需的更高层次的心理过程。帕森斯写道："符号的意义内容与其说是对现实的感知，不如说是对现实本身的感知"。符号不是投射到一个客观的现实上，而是介导经验的构成和客观的现实感本身。因此，符号既是体验的形式和实质，又是体验的媒介和结果。正如帕森斯所说，"语言符号代表现实，符号代表世界"。

丹尼尔·科曼（1985）提醒我们，每一种感知行为都是一种选择行为：

注意力和焦虑的不相容性教会我们减少注意力来减轻焦虑，这种权衡深刻塑造了我们的经验。戈尔曼的论文基于以下三个前提：

1. 通过模糊意识，大脑可以保护自己免受焦虑。

2. 这种机制会产生一个"盲点"，即注意力受阻和自我欺骗的区域。

3. 这种盲点出现在从心理到社会的每个主要行为层面。

戈尔曼的理论和前提为质变学习理论提供了心理学上的必要条件。戈尔曼清楚地表明，成人学习往往建立在曲解上，需要对其假设进行反思和评估，以证明其合理性。

虽然为了避免焦虑而减弱意识的活动对人类的发展有帮助，甚至非常必要，但我们的成人现实往往不仅被由此产生的自我欺骗和共同的幻想所塑造，而且会扭曲。戈尔曼（1985）引用 R. D. 莱恩的"Knots"中的一个表述，简洁地描述了成年期的核心学习问题：

我们思考和行动的范围受限于我们所忽略的事物，而且因为没能注意到忽略行为，所以我们几乎无能为力，除非注意到所忽略的事物是如何塑造我们的思想与行为。

第六节　理解：通过语言学习

认知意义涉及言语与以下因素的相互作用：（1）体现理想类型的习惯化符号系统；（2）头脑中的形象；（3）外部刺激。理想化的符号系统被投射到外部刺激物上，形成大脑中的形象。因此，符号系统赋予被感知对象的性质和特征实际上是被感知的，正是这种"负载"的感知通过言语被对象化。语言是一个以语言符号形式表达的理想对象系统。语言与外部世界的实际事物之间没有直接联系。

苏联心理语言学家 A.A. 列昂节夫（Wertsch，1979）认为符号由三个元素组成。首先是"客观内容"，即外部现实中对象和现象之间的联系和关系的系统。第二个要素是理想的负荷，或"理想的内容"。第三个要素是主体的社会经验，它投射到主体的意识符号上，即"主观内容"。根据列昂节夫的观点，意识中呈现的意义是这三个要素共同作用的结果。个人的意义并不存在于这些主观反映之外，这些主观反映可能以视觉或其他知觉图像的形式存在。

我们无法知道符号系统的概念在多大程度上是基于客观内容还是基于理想的符号内容。如果没有语言，感知是不可能的，文化通过语言在社会化语境中传达其符号和理想化类型。然而，正如我们所看到的，符号一旦被传达就可以通过感知来投射意义，完全独立于依赖语言范畴的认知。言语意义包含在感知活动中。

客观世界的理想形象存在于意义之中。语言反映了正确或错误地被吸纳进我们符号模型中的品质、联系和关系。一个符号系统在多大程度上是基于"客观"内容还是符号，这一直是个很大的问题。现象学和质变理论认为，我们的感知赋予事件或物体以意义使它们具有连贯性。要成为现实的实体，就必须被解释为一种类型的实例；也就是说，在原则上，它必须满足通过构成解释的文化代码的意义图式和视角所施加的某些条件。

上述理论的一个实际含义是，学习者的知识并不存在于书本或教育者的经验中。它只存在于学习者用自己的术语解释和重新解释经验的意义的能力中。

一、符号模型的功能

关于思维的运作方式目前还没有达成共识，但质变理论的新论题是，我们内化的是符号模型、形象和期望习惯。符号模型有几个建设性的功能。如我们所见，第一个功能是提供与方向、维度和序列等属性相关的分类模式，使我们能够区分时间和空间、方向、实体和事件节点。第二个功能是使我们能够做出价值判断。第三个功能是使乔治·莱科夫（1988）所说的"基本范畴"成为可能。这些是我们所熟悉的最常见的概念：诸如"狗""猫""桌子""椅子"之类的物体；"聚会""搏斗""赛跑"等事件；以及"做梦""开玩笑""表演"等状态。这些类别介于上级类别（如"动物""家具"或"活动"）、特定类别（如特定品种的狗和猫）、活动（如"生日派对"）或状态（噩梦）之间。基本的分类包括单一的心理意象、快速识别以及最短、最常用的单词，这些单词是孩子们最先学习的。

诸如扫描、聚焦、图形背景反转、叠加、有利点移动等心理过程用于处理符号模型。莱科夫解释了这种动态性："非常普遍的固有想象力（用于图式化、分类、隐喻、转喻等）通过将抽象概念与图像图式（符号模型）和基本物理概念联系起来表征抽象概念。认知模型就是由这些想象过程建立起来的"（Lakoff，1988）。菲尔莫尔认为单词的定义只与这些图式有关。因此，二月仅在"月"图式下才有意义。

很明显，经验是一种行为而不是一种思想。我们体验符号特性，并通过作用于它们构成世界。现实是由经验中的知觉构成。感知的结构是文化的，反映在语言的结构中。当然，感性解释的经验是预先反思和习惯性的。它是由不加批判就被同化的文化符号（模型）提供的线索驱动，当我们区分对象和事件时，这些符号直接呈现了它们所指的品质。

为了将体验概念化，我们用符号来解释它。通过语言，我们表达了知觉中隐含的意向性。习惯性的参照框架或意义视角（见第二章）构成了我们感知世界的实践。虽然符号意识在知觉上有它的轨迹，但我们可以通过反思来维护我们对许多"感官惯例"的控制，描绘这些文化符号，并使它们脱离我们的经验。对于帕森斯和质变理论来说，意识不是一种内在状态而是一种行动形式，实现了作为经验对象的符号模型的性质。当知觉学习被客体化为"心智范畴"时，知觉的意向性就丧失了，教育的任务就是重新激活知觉中隐含的意向性。

尽管帕森斯指出，记号和符号密切相关，但意义在理解中不是像在知觉中那样被象征性地体验。菲利普·约翰逊－莱尔德说："感知产生了丰富的世界心理模型，推理依赖于心理模型的操纵，理解是一个建构模型的过程"（1988）。话语的最初心理表征被用来构建描述、质疑或请求的事态模型。因此，"我爱狗"这句话可以唤起包括许多品种的狗的模型，菲利普·约翰逊 - 莱尔德写道："一幅画可能胜过千言万语，但一个命题（模型）却胜过无穷的图画"（1988）。心理模型是暂时的，可以通过进一步的信息被修正。

在表达的意义和它所指的意义之间有一个重要区别。表达的意义作为一种功能，允许我们在最广泛的不同模型中放置一个参考对象。单词和句子与世界的关系涉及真值条件：当你理解了一个警告，你就理解了它的真值条件；如果这句话是真的，你就知道世界应该是什么样的。要理解任何断言，我们必须能够想象如果它是正确的，世界将会是什么样子。真值条件包括句子意义。

当高阶心理过程在起作用时，符号在解释意义方面起着至关重要的作用，就像它们在感知中一样。格尔茨（1973）认为，一首诗可以作为情感影响的符号模型，例如，早逝同样可以将身体的感觉转化为情感和态度，使我们能够对这样的悲剧做出明智而非盲目的反应。事实上，任何被体验过的事情，如果它能表示、指向或提醒其他事物，它也许就可以成为一种符号。格尔茨认为，我们的符号模型可能来自流行文化、高雅艺术或正式的宗教仪式。"文化模式——宗教、哲学、美学、科学、意识形态——都是'计划'，它们为社会和心理过程的组织提供了模板或蓝图，就像遗传系统为有机过程的组织提供了一个模板一样"。这些符号和符号系统是信息的外在来源，"感知、理解、判断和操纵世界的外在机制"。

二、外部性理论

格兰特和格斯腾哈贝（1956）阐述了一种"外部性理论"，认为思维包括符号系统的构建和操作，这些符号系统以多种方式被用作其他系统（物理、有机、社会、心理等）的模型，这些方式使其他系统的结构和它们可能被期望表现的方式被人理解。对经验本质的思考、理解、学习、认识和解释，包括将符号模型的状态和过程与更广阔世界的状态和过程相匹配。从这个角度看，想象思维包括构建环境的形象，比环境更快地运行这个模型，并预测环境将符合模型的行为。他们断言，在解决问题的过程中，我们构建了情境"相关特征"的模型或图像，并在各种假设条件和预期约束下进行操作。我们观察这些操作的结果，并将其作为预测投射到环境中。当我们使用地图作为符号呈现道路，或我们用手指在地图上游走绘制路线为汽车提供模型时，我们是在使用可比较的外部模型。外部性理论为质变理论增加了一个有洞察力的维度，解释了我们如何通过将符号模型投射到经验中来学习。质变理论将意义视角、批判性反思引入到这一过程中。

三、解释意义

我们感知和理解的主要过程是扫描和解释。扫描包括探索、鉴别、识别、感觉、直觉和想象。解释有两种相互依赖的形式。表象解释与知觉有关，指的是从时空整体、不同的过程和存在来解释眼前的表象：一个实体根据它独特的形式或运动来解释，它的形式根据连续发生的事件来解释，或者它的形状、大小由它的外表来解释。表象解释还包括通过解释感官知觉所产生的线索来解释维度、方向、序列和事件节点。表象解释是一种前语言现象。命题解释与理解、认知相关，涉及根据我们掌握的语言而产生的概念和范畴来体验事物，尽管我们可能不会有意识地给自己命名或描述所解释的东西（Heron，1988）。如前所述，表象解释可以对命题解释产生重要影响，并起到监督作用。感觉、直觉、梦境和生理状态的变化将表象解释的影响带入意识。命题解释同样通过引入对我们命题意义的理性和反思性解释来监控表象解释。这两种解释形式都是通过经验而改变的，并且高度互动。

表象解释是知觉的中心，命题解释是认知的中心，尽管这两种解释形式在两种活动中相互作用。每一种解释形式都会产生意义。隐性意义产生于表象解释，而隐性意义或明确理解的意义则是命题解释的结果。因此，一些来自表象解释的隐性意义可能是符号的，但并不涉及语言。我们试图通过精神分析、解梦、冥想、对生理状态变化的敏感性增加以及精神或神秘探索来理解表象解释。

四、理性与分析

哈贝马斯（1971）认为，理性是基于这样一个事实：知识具有命题结构并且信念可以用陈述的形式来表示。理性与知识的拥有关系不大，而与学习和行动有关——"言行主体如何获得和使用知识"。知识在语言中明确表达，因此，它可能被批判为不可靠或被评估为有效。表达的合理性取决于它所体现的知识可靠性。

除了感知和识别，理解的解释需要分析，即确定学习者的符号模型和学习者的经验之间的感知异同。这种相似性和差异性决定了经验在学习者的符号参照框架中的相关性和适合性。这种比较分析通常是预先反思的，可能涉及物理、工具、方法、语言（词法、句法、语义）、心理或社会维度中一个或多个维度的相似性和差异性。分析不能从事实本身得出，必须来自学习者的输入。对我们来说，"什么成为事实"取决于我们如何定义经验的性质。我们制造事实而不是发现事实，因此，成人学习的"事实"以学习者的方向和参照框架为基础。

学习过程中涉及的分析从类比开始，把不熟悉的现象整体比作熟悉的现象。它通过进一步的类比来分析不熟悉的对象或事件的特定元素。当我们在不同的环境中遇到相同的现象时，这个过程往往会被扩展。我们不仅从经验中学习，而且通过将事物塑造成我们现有的理解类别，解释不熟悉的事物以适应我们当前参照框架的心理、文化和语言限制。

从我们用来解释的符号模型的想象投射中得出的陈述和在分析解释时所做的推论都涉及一些假设，这些假设需要通过与他人的理性对话进行效度检验，以达成共识。吉登斯指出，"理性以沟通为前提，因为只有当某件事满足于至少一个人达成理解所必需的条件时，它才是理性的"（Bernstein, 1985）。哈贝马斯认为，理性在于通过积极参与推进和客观权衡证据以及评估支持论点的说服力，来实现相互理解的过程。说某人的行为是理性的，或者说一个陈述是理性的，这意味着该行为或该陈述会被相关人员批判或辩护，从而使其合理化。

五、质变性逻辑

詹姆士·洛德（1981）在每一个"认知事件"（即涉及理解的事件）中发现了一种普遍的"质变性逻辑"。他声称这种逻辑隐含在所有主要的学习领域——科学、美学、医疗、社会、文化和精神。洛德定义的质变逻辑有五个步骤。首先是冲突，在认知背景下的明显决裂。当这种冲突涉及一种与我们的看法有关的困境，而不仅仅是外部强加的难题时，这种冲突最有力。质变逻辑的第二步是扫描：寻找可能的解决方案，剖析错误，保留一些数据并丢弃其他数据。这个阶段包括跟随直觉，感知方向，并直觉地向前移动。

第三步包括想象力的建设性行为，并从直觉中获得洞察力。洛德借用了科斯特勒的"双联"来描述这一富有想象力的行为，他将其描述为"两种习惯性不相容的参照框架突然展开对话，以组成一个有意义的统一体"。第四步涉及释放和开放：释放投入到冲突中的能量，并向认知者敞开心扉，让其意识到自己有意识，并让认知者对周围的情况开放。这一步为解决问题带来了新的可能性。

质变性逻辑的最后一步是"将想象的解决方案解释成原始语境中的行为和/或符号建构的世界"。这种解释涉及两个要素：一种是"一致性"，即明确想象结构与冲突的原始条件之间的联系。另一种是"对应性"，它将表面上的一致性公之于众，并寻求他人的验证。当想象性的发现是别人已经知道的东西时，这种验证的实现要比新的发现更容易，新发现必须被证明符合既定的假设世界，就像一个新的科学发现挑战了公认的事实。

质变理论融合了洛德的思想（在第六章中有进一步的描述），但它认为理解涉及冲突、扫描和解释，后者会发生想象力的建设性行为，从而产生解释。如果发现解释或意义体系存在问题，则通常使用反思来解决问题。

第七节　记忆

表征理论是心理学的主流观点，它认为感知代表对环境的准确看法，感知和识别是大脑的独立功能。该理论认为，视觉、触觉和听觉刺激被大脑转化为物理世界的表征，而这些先前学习到的图像被存储在大脑中。

然而，神经生物学中一个日益流行的新观点对表征理论提出了挑战。这一新兴观点认为，大脑根据当前需求和过去经验对刺激进行分类。知觉和认知往往基于这种分类。我们的所思所想取决于过往的经验。过去对已经引发有意义和有用行为的刺激进行分类的方式得到加强。大脑储存的和记忆的不是固定图像，而是帮助我们理解经验意义的程序，依赖重现来适应我们从过去到现在所知道的知识。

杰拉德·埃德尔曼的"神经达尔文主义"理论（Rosenfield，1988）为这种记忆方法提供了生物学基础。埃德尔曼的理论认为，大脑中的神经网络是模仿大脑整体系统的模式，在这个系统中，电信号沿着特定的路径在数百万个被称为神经元的传感器之间传播。神经元响应刺激产生这些信号。然而，特定的神经元组对不同的刺激有不同的反应，而相邻的神经元组对相同的刺激也有不同反应。每次刺激出现时，神经元都会被类似的刺激激活。

除了对刺激做出反应外，神经组织片还可以相互交流。这种交流使创建事物和事件的类别成为可能。"地图"是大脑中一组或多个神经组的集合，它保留了一组感觉受体之间的相互作用，例如手部皮肤的感觉受体与大脑中的神经组织薄片之间的相互作用。埃德尔曼的理论指出，对某些刺激群做出反应的地图是"被选择"并通过使用而得到加强，就像达尔文理论中某些物种是"被选择"一样。因此，埃德尔曼认为，达尔文的选择原则可以解释构成记忆和识别基础的知觉分类。当某些地图或路径由于经常使用而变得更容易通行时，认知和记忆就会发展。大脑地图之间的相互作用，允许一种感官刺激的交叉关系，被称为再入。

因此，记忆并不是大脑中图像的精确重复。相反，当不同地图上的神经元之间的连接暂时加强时，就会发生重新分类。当信息在不同的环境中被收集时，不同于我们最初接触到的信息地图就会被激活，这导致了再范畴化。记忆是对我们过去的反应或经验的一种富有想象力的重建，加上以文字或图像形式呈现给我们的有限细节。罗森菲尔德写道："根据埃德尔曼的理论，每个人都是独一无二的；他们的感知在某种程度上是创造物，他们的记忆是持续想象过程的一部分。精神生活不能简化为分子。人类的智慧不仅仅是知道更多，而是重新加工、重新分类，从而以新的、令人惊讶的方式概括信息"（1988）。

同样地，质变理论把记忆描述为一个过程：当一个物体或事件再次出现在我们的经验中时，我们根据符号模型的投射，按照所习得的期望习惯或意义视角对它进行重新认知。我们通过同样的投射过程，富有想象力地重建早期的意义，在新的和不熟悉的情境中解释所知道的东西。

记忆涉及的对象或事件通常与影响我们最初学习的情绪有关。记忆力取决于这种情绪的强度、最初学习到的事件与过去经验的区别和融合程度、嵌入对象或事件的其他事件的背景以及最初学习事件的影响。我们认识事件中的一些元素，这些元素在之前给予我们连贯性或强化了当时的意义体系或观点。我们忘记了何时由于情境的变化或提供我们概念类别的意义图式和视角的质变而使得事件不再可识别。随着时间的推移，人们普遍倾向于越来越抽象地思考学习。

斯金纳（1987）提醒我们，"remember"一词来自拉丁语"memor"，意思是"再次留心，记住事物的样子就是做我们看到它时所做的。当时不需要复制（现实），现在也不需要复制。我们认识事物的意义是重新认识事物，就像我们过去所做的那样，现在对它们做出反应"。

当然，我们知道不能有意识地接触到所知道的一切，我们学到了一些从未意识到要学习的东西，例如文化上被同化或"内化"的理解，而不是故意教或学。例如，这种隐性学习包括处理拒绝或权威的独特方式、种族优越感、刻板印象的信念体系、对歧义的容忍度、学习风格以及我们选择性感知一件事情的方式。

即使是最原始的心理运动学习，如心理实验中的避震，也是非反思性知识的功能。整个识别、分类和选择的过程只需几毫秒，发生在我们的意识领域之外。"语义记忆"过滤进入意识的信息，这很可能是我们习惯性参照框架在发挥作用。与我们无关或威胁到当前期望习惯的信息被排除在意识之外。

注意力和意识不同。当打字的时候，我能意识到键盘的存在，而不必把注意力从正在复制的笔记转移到键盘上。记忆仅限于我们在意识范围内所经历的，这些经历将触发解释以指导行动。一些可以被带入我们注意力范围的知识比其他知识更容易获得。一种解释使用得越少，当前相关性越低，那就越不容易获得。其他知识可能会被焦虑所阻碍。

神经学证据支持区分情景记忆、语义记忆和内隐记忆功能（Tulvig，1989年）。情景记忆是指对个人情节的记忆和回忆。语义记忆是指对过去学习的客观事实的认识和回忆。内隐记忆指的是重复自动练习的技能，比如骑自行车或按语法说话。语义记忆和内隐记忆似乎都不会随着年龄的增长而衰退；情景记忆是否衰退似乎取决于使用方式和其他环境方面的个体差异。

区分隐性记忆（文化同化的期望习惯记忆，允许我们扫描和审查的感官体验）和外显记忆（我们可以根据指令产生的记忆）也可能有用。

隐性记忆在释义过程中起着不可或缺的作用。相比之下，焦点记忆或外显记忆在感知中必不可少，在解释和反思行为中起着不可或缺的作用。这里所说的释义是指解释意义，解释是指说明的陈述。我们可能会忘记曾记住的电话号码，它被隐性地认为其重要性不足以让我们清楚地记住它。但是我们能忘记隐性记忆中包含的东西吗？隐性记忆似乎不会随着年龄的增长而减少。老年人学习质量的变化很可能是由于隐性记忆的丰富或更易获得（第六章对此有所讨论）。此外，我们可以通过将隐性知识带入我们的注意力范围，对其进行解释分析，并重新评估其有效性、后果和有用性，从而实现隐性知识的转化，就像在心理治疗中所做的那样。

第八节　创造意义的动态变化

当我们之前遇到类似感官体验时，记忆通过富有想象力地投射符号以产生意义的方式进行重新解读。

理性是评估意义图式的原因和理由的过程。这可能涉及对经验证据的审查或通过知情共识做出最佳判断。

学习包括解释和运用新的或修正的解释来指导行动。解释是对意义图式的阐述，包括现代社会成年人认为有必要验证的假设。对假设的验证通常需要批判性对话并达成共识性结论。

很多证据支持这种说法，即我们倾向于接受和整合符合参考系的经验，而忽略那些不符合的经验。看来，这个过程与其说是将新的信息与存储的信息相匹配或重构过去的事件，不如说是参考现有的参照框架或已经建立的具有认知、情感和意识维度的符号模型。因此，当前的参照框架是解释经验意义的边界条件。

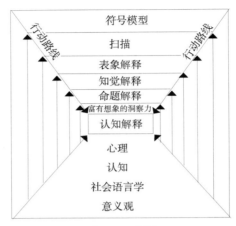

图 1-1　解释

图 1-1 描述了解释时的动态变化——即产生意义。所描述的操作按顺序从图的外部移动到内部。通过扫描和解释来感知物体或事件时，我们投射符号模型（最外面的区域）。我们首先求助于表象解释，必要时再求助于命题解释。意义具有感知性和认知性，要从知觉解释过渡到认知解释，需要命题解释（由表象意识监控）和富有想象力的洞察力。命题（认知）解释可以给新经验或旧经验带来连贯性，因为它通过反思性评估得到验证。

图 1-1 底部显示了对意义生成过程的影响。这个过程受到意义视角和学习者行动路线的影响，这些行动路线提供了意图、方向和动力。意义视角是一组过滤感知和认知的期望习惯。这些期望习惯可能是社会语言学的、认知的或心理的，它们的性质将在第二章加以讨论。

认知解释可以导致欣赏、灵感、快乐或其他一些情感反应，确认或否定信念、态度或情绪反应——即意义图式，或者在信念或意义体系中被认为有问题（定义为问题）。后一种效果是提出问题，这通常导致解决问题的努力。解释涉及在这些选项中做出决定，可以导致非反思性（自动的、习惯性的）行为或反思性行为。

总　结

本章描述了质变理论的基本框架，这是一种成人学习的建构主义理论，适用于那些帮助成人学习的工作者。本章主要包括以下观点：

1. 童年时期，我们通过社会化无意识地学会了许多理解世界的方法。这些由文化决定的观点通常在成年后仍然是无意识的，但它们对我们解释经验的方式非常重要。

2. 在现代世界中，传统权威结构的削弱和成年人生活变化的显著加速是必然的。这些情况要求成年人能够有效地解决更广泛的问题，比以往任何时候都更加依赖自己的资源。通过社会化获得的文化规定价值观和信念体系可能不再适合这些任务。

3. 意义是一种解释，赋予意义就是对经验进行解释，赋予经验连贯性。我们通过知觉和认知做出解释，我们有意无意地创造意义。

4. 我们通过社会化的过程将符号模型内化，并对这些模型进行富有想象力的投射，以感知物体、事件和状态。意识可以被理解为解释知觉的行为形式，而不是一种意识状态。由此产生的"负载"感知通过语言被客观化。语言是一种符号形式的理想对象系统，与外部世界的对象和事件没有直接关系。

5. 解释涉及将我们的符号模型（通过期望习惯过滤）投射到物体和事件上：（a）时间与空间、方向、维度、实体、感觉和事件节点；（b）语言掌握所带来的概念、类别和隐喻。（a）的前语言现实影响通过直觉运用（b）语言概念，（b）通过使用理性来监督（a）。

6. 意义视角，或是习惯性期望的广义集合，作为知觉和概念代码来形成、限制和扭曲我们的思考、观点和感受，以及学什么和如何、何时、为何学习。它们包括认知、情感和意念维度。这些期望的习惯过滤感知和理解。

7. 解释需做出决策，可能导致对某一信念或意义图式的确认、拒绝、扩展或制定，或发现该信念或图式存在需要进一步检验的问题。意义图式解释表达出特定信念、态度和情绪反应。它们源于早期的且通常是未经反思的解释。意义图式是一种特定的期望习惯；意义视角是一组相互关联的意义图式。

8. 学习是解释和运用新的或修订的经验意义的解释，作为意识、感觉和行动指南的过程。有很多证据支持这一论断，即我们倾向于接受并整合那些与我们的参照框架相吻合的经验，而忽略那些不符合的经验。

9. 学习包括五种相互作用的情境：意义视角、沟通过程、行动路线、自我概念和外部情境。理解学习的其他至关重要因素包括先前学习的意义图式和组织与支配社会行为的"框架"或范例（共享意义视角或情境定义）。

10. 我们的解释容易出错，而且往往建立在不可靠的假设之上。批判性地审视解释的正当性，以及它们所表达的意义图式和观点，是现代成年人的主要任务。

11. 大多数重要的陈述都涉及一系列假设，这些假设需要通过反思和谈论来验证。我们通过评估经验证据或通过达成共识来验证他人的想法。反过来，我们对经验的解释——通过符号模型富有想象力的投射，以及对这些解释的分析——也是一系列假设，可能需要自我或他人验证。唯理性是评估一个意义图式的合理性过程。

12. 记住如何解释过去的物体和事件要求重复做出富有想象力的投射来解释感官刺激。做出相同解释的频率和最初体验的情绪强度会影响神经通路，帮助我们识别所经历的类似线索，并唤起与之前所做的类似的富有想象力的投射。解释情绪越强，解释频率越高，记忆就越容易。

13. 感知、解释、学习、解决问题、记忆和反思都会受到我们的行动路线的显著影响，包括意图、目的和意念。

第二章

意义视角：我们如何理解经验

　　第一章介绍了一系列期望习惯或意义视角在学习过程中所扮演的中心角色，并且应当学习支配感知和理性过程的选择性代码的角色。杜威（1993）很好地描述了这些意义视角的重要性和我们通常的无意识观：

　　一个追求连贯完整想法的人认为某些思想体系是理所当然的（因此他没有表达出来，即"无意识"），就像和别人交谈时一样。一些背景、情况以及控制目的彻底地支配着个体的显性思想，以至于它不需要被有意识地明确表达和阐明。显性思维在隐含或理解的范围内进行，然而，反思源于问题，因此有必要在某些时候有意识地检查和检验熟悉的背景。我们不得不求助于一些无意识的假设，并把它表达出来。

　　我们利用丰富的想象投射符号模型从而理解通过感官所感知到的事物，而我们的意义视角却过滤了这种方式，因为语言使这些模型客观化，并显著地完善了这些模型，通过命题识解，我们使用语言可能产生的范畴来获得个性化体验。意义视角也影响我们的记忆。如果体验提供了与意义视角兼容、延伸或有助于整合的解释，我们就更有可能感知并记住它。如果信念中冲突的情感压力方面导致我们戏剧性地转变意义视角，那么那种质变将被记住。学习中最重要的质变就是意义视角的质变。

　　第四章和第五章将讨论意义视角的质变。本章描述了 Karl Popper 的学习理论，这一理论预示了质变理论。本章还审视了意义视角（及其子集、意义图式）的本质，将它们与相关的概念如感知过滤器、范式、心理框架、意识形态、图式、个人建构和语言游戏进行了比较。本章最后讨论了语言在创造意义中的作用。

第一节　卡尔·波普尔：质变理论的先驱

科学哲学家 Karl Popper 也对学习理论感兴趣，他的观点与我们的考虑直接相关。Popper 写道：

在我们进入前科学或科学发展的每一刻，我们都生活在我通常所说的"期望视野"之中，在我看来就是我们的期望总和，不管这些是潜意识的还是显意识的，乃至于是用某种语言明确陈述的。比方说，科学家的期望视野在很大程度上由语言表述的理论或假设组成。尽管动物和婴儿的意识水平较低，但他们也有各种不同的期望视野。

期望视野的差异，不仅仅体现在它们的意识强弱方面，还体现在内容方面。尽管如此，期望视野仍是参照框架的一部分：在参照框架中只有它们的背景赋予我们的经验、行动和观察以意义和重要性。（Berkson and Wettersten，1984）

Popper 认为，我们学习是为了改变我们的期望结构，而不是填补知识的空白。为解决问题而产生的新知识是对旧知识的修正，而不是延伸。有必要提出与我们未来的讨论的相关内容，Popper 的观点似乎与问题解决的"假设–演绎"模型不同，该模型保持一些"变量"不变，同时探索其他变量的影响，这是一种系统化填补知识空白的方法。

Berkson 和 Wettersten 将 Popper 的思想与格式塔学派的理论以及 Jean Piaget 的理论进行了比较，这些两者有相似之处但又具有差异性。因为 Popper 的中心思想与质变理论相一致，所以这些不同之处也都具有相关性。

一、波普尔和格式塔理论

格式塔心理学家，如 Popper，认为学习是一种解决问题的活动，问题是为实现目标所遇到的困难。该学习理论的基本观点是，格式塔在问题的压力下会发生变化，先前组成旧格式塔的物质会形成新的格式塔。问题被视为"不完整的格式塔"，解决办法是格式塔的"终结"，改变格式塔的过程叫作"洞察"。洞察包括对格式塔的"重新审视"，以便重新定义问题情境，寻求问题的潜在解决方案。

虽然这一概念与 Popper 的观点以及质变理论"将学习视为观点的改变"的看法相似，但 Popper 和质变理论更强调新知识对过去信念的否定和质变。Berkson 和 Wettersten 指出，格式塔心理学家并没有解决格式塔如何变化的问题，而质变理论正是针对这个问题提出的。

二、波普尔和皮亚杰

Piaget（1967）认为，我们发展认知技能是为了让世界对我们有利，而 Popper 则认为，我们被迫通过寻找连贯和完整的期望视野来学习。Piaget 主要关注智力的增长，但 Popper 与质变理论家一样，关注知识的生成。Piaget 认为智力发展可能包括拒绝一些错误的观点，但他并不像 Popper 和质变理论家那样认为"否定过去信念是进步的核心动力"。他认为拒绝错误的观点是努力发展认知技能的副产品，认知技能随着我们逐渐成熟和对掌握环境的需求增加而提高。根据 Piaget 的观点，获得高级技能并不意味着拒绝低级技能；相反，较低层次的技能被整合到较高层次的技能中。技能可以废弃不用，但不能被拒绝。Piaget 的"形式运算"，即青少年认知发展的最后阶段，是以解决问题的"假设－演绎"逻辑为模型的。

三、测试假设

Popper 认为所有观点都是先入为主的。他写道，任何有意识的体验都离不开诠释。质变理论同意这一点，并且认为意识之外的经验也是可以被诠释的。Popper 对"心理主义"认为感性经验可以证明其正确性的观点不屑一顾，他认为知识不是来自感觉；相反，新的一般概念是从一般观念和特殊的新经验之间的冲突中发展出来的。一个问题涉及一般性的不同层次，这激发和引导对新思想的研究，从而影响新期望或新的一般理论的构建，这种"一般观念"通常被理解为符号模型和意义视角。

Popper 和质变理论家一致认为，在努力理解世界的同时，我们也在对我们的最基本假设进行着持续测试，而这种测试不仅仅与扩展知识有关。Popper 清楚地暗示了一种与自然科学的演绎假设检验截然不同的认知逻辑。Berkson 和 Wettersten 写道：

> 对 Popper 来说，感知和思考行为就像试图理解一篇难懂的文本：我们读一部分，猜测它的意思，接着查看另一部分是否与之一致，或者猜测哪儿需要改变解释等等。这种活动不是偶然的，而是持续的。我们生来就肩负着这样的任务：根据我们从世界上接收到的编码信息，制定一套现实的世界期望。我们需要在不能确定具体的编码的情况下，不断进行检查。（1984）

Popper 的这些观点被纳入了质变理论，该理论关注习惯性期望影响我们学习以及通过反思发生转变的方式。质变理论主张区分，工具性学习（旨在操纵的学习）中解决问题所隐含的逻辑需要与引导逻辑，后者涉及理解他人的意思或质变的意义视角。

第二节　意义视角

在探究和知识生产中，心理学家对参照框架（质变理论称之为意义视角）的重要性给出了普遍认可，但同时也存在令人惊讶的有限分析。

Nisbet 和 Ross（1980）借鉴了许多心理学领域研究者的观点，强调了感知者头脑中已有结构的重要作用，但是他们指出，几乎没有证据可以阐明这些结构的性质，定义它们所执行的工作，或者描述它们的可用性、初始性和使用条件。

我所说的意义视角的概念在哲学和语言学中同样普遍。Gidden（1976）注意到 Wittgenstein 的"语言游戏"，Castaneda 的"另类现实"，Whorf 的"语言结构"，Bachelard 和 Althusser 的"问题学"，以及 Kuhn 的"范式"都强调必须在"意义框架"的关系中理解术语、表达或描述的意义。此外，Cell 使用术语"地图"来指代我们的一般信念和知识，Foucault 的"认识论"则是指复合的"一种文化的规范，它支配着感知、语言、价值观和实践的顺序"（Gidden, 1976）。

同样，Sztompka（1974）报告，在当前社会学文献的一次偶然检索中发现了不少于 33 个术语用来表示同一个"元科学"概念——"通过概念框架，人们可以定义、描述和解释某些有问题的事物。"

我想避免在学习过程中把认知与感知的意向性和情感性分开，把心理与文化分开的建议。于是，我选择了"意义视角"这样一个将所有这些维度整合在一起的假设结构，在这个结构中，一个人过去的经验被用来吸收和转化新经验。意义视角是一套习惯性期望，它构成了一个被用来投射符号模型的定向参照框架，并作为（通常是默认的）信念系统来解释和评估经验的意义。

一、三种意义视角

第一种是认知意义视角，与我们的认知方式和对知识的使用有关；第二种是社会语言学意义视角；第三种是心理学视角。表2-1展示了塑造、限制和扭曲意义视角的主要影响因素。这些将在第五章中详细讨论。

表 2-1　塑造意义视角的因素

认知意义视角	社会语言学视角	心理学视角
发展阶段的观点	社会规范 / 角色	（心理）自我概念
认知 / 学习 / 智力风格	文化 / 语言代码	内外控倾向
感觉学习偏好	语言 / 真理游戏	歧义容忍度
确定模式的事件频率	常识作为文化体系	成年后功能丧失——因焦虑而禁止儿童的行为
意识的范围	次级社会化	心理防御机制
外部 / 内部评估标准	种族中心主义	神经质的需要
总体 / 细节聚焦	原型 / 脚本	方法 / 回避
抽象思维	哲学 / 理论	性格的偏好
具体化		
反射率		

二、意义图式

意义视角决定了解释经验意义的必要条件。通过定义我们的期望，意义视角有选择地指导我们的学习内容和学习方式。每个意义视角包含许多意义图式。意义图式是一种特殊的认知、信念、价值判断，以及在解释中被表达出来的感觉。意义图式是我们习惯性取向和期望（意义视角）的具体表现，并将这些普遍期望转化为指导行动的具体期望。例如，如果种族中心主义（即对不同于自己或自己群体的其他人的怀疑）是形成社会语言学意义视角的核心，那么特定的负面的关于种族和性别刻板印象可以被认为是这种视角中的意义图式，它让我们为某种行为做好准备，例如避开某个种族或性别的人。意义图式可能与如何做某事（工具性学习）、如何理解他人的意思（交往性学习）或如何理解自己有关。与意义视角相比，意义图式更有可能通过反思（如第四章所定义的）得到批判性的审视和转变。

意义视角为我们提供了评判对错、好坏、美丑、真假、合适与不合适的标准。它们也决定了我们的个人概念、理想化的自我形象以及对自己的看法。我们所体验的感知内容是由包含在我们的意义视角中具体的意义图式决定的。根据 Fingarette（1963）的观点，当我们的意义图式不足以解释我们经验的各个方面时，我们就面临着明显无意义的区域或维度。我们对"无意义"最常见的反应是变得焦虑。当不充分的意义图式涉及自我概念时，我们通过补偿、投射、合理化或其他形式的"自我欺骗"来填补这一空白。同样，Fingarette 认为，涉及买卖双方、亲子关系、原告被告以及爱与被爱者等社会角色和关系的意义图式，存在着传统的规则或规范，违反这些规则或规范会导致社会混乱或个人焦虑。

三、感知过滤器

心理学家 Irvin Roth（1990）在个人的建构世界中确定了意义视角的五个主要类别。每个类别后面列出的变量表明了该类别中组织意义视角的具体方式。Roth 的分类提供了一种有用的类型学，包括对意义视角的重要来源、曲解和局限性进行分类。

1. 对象—持久的物理结构：受制（或不受制）于个人力量（或不服从）；可变性。【心理学】

2. 人类：与自我相似，又不同于自我，充当奖励之源；类似于非人类身体的物体（一种反社会的知觉）；受个体力量支配；通过模式化的行为和归因态度来理解。【社会语言学】

3. 学习方式：学习过程中奖惩相对优先；感官途径（看、听、做）；时间序列（一件事发生频率多高才能认为它是一个模式；注意异同）。【认知】

4. 注意过程的微观结构：清晰的细节，注意清晰地区分轮廓和边界、图形和背景；狭窄或广阔的意识领域；强调宏大的形式和全局感知，而不是细节。【认知】

5. 时间结构：节奏，通过的速度，流动的感觉，时间焦点的狭窄，时间作为图形或背景。【认知】

6. 行为序列的组织：接近与回避；结果规范和价值内外部来源。【心理学】

Roth 的变量描述了确定个人特征或主导地位的两极。因此，我们的看法决定我们是可以从学习中获得满足感，还是将学习视为对自我价值的一种"威胁"；我们可以从发展的角度，或者仅仅从眼前的情况看待孩子的行为；我们可以把问题作为一个整体来看待，或者直接关注它的特定方面。在特定的情况下，或者在作为对支配地位的补充的情况下，我们可以对这些变量采取不同于支配地位的立场。对于 Roth 来说，"理想的情况是个人能够在任何一个极点上发挥作用，并以适合各种环境的极点的成熟直觉为指导"，或许允许个体以这种方式运作是表象解释在质变理论中的另一个重要功能。

四、范式、框架和意识形态

我所说的意义视角类似于其他作者所说的范例或个人框架。Thomas Kuhn 的开创性著作《科学革命的结构》（1962）描述了科学知识的质变范式，称之为视角质变过程（关于范式和成人教育文献有用的解释性评论，请参见 Sinnott，1986）。Kuhn 用"范式"来表示影响科学探究行为的一系列观察方式、探究方法、信念、想法、价值观和态度，该术语已经成为"模型""概念框架""方法"和"世界观"的同义词。Kisiel（1982）将范式描述为"我们应利用范式观察世界的本质，而不是以这种范式来看待世界"，我认为范式是一种清晰的、基于理论的、集体持有的意义视角。此外，Freud、Marx 和斯金奈纳在理论中创造了全新的词汇充当认知过滤器的角色，从而承担范式或意义视角的功能。

社会学家 Erving Goffman（1974）用"框架"这一术语来指组织和管理社会互动情境的共同体。"框架"向我们描述了社会情境的背景，以及它的理解方式和表现方式。例如，我们的行为会有所不同，这取决于我们是在看戏、参加宗教仪式、参加体育活动、约会还是参加谈判。不同于"范式""框架"是集体持有默认的意义视角。Goleman（1985）将框架称为"同时激活的共享模式"。

Gregory Bateson（1972）描述了"心理框架"的功能，我也将其视作意义视角的一种形式。Bateson 告诉我们，心理框架是：

1. 排他的，即通过包含某些消息（或有意义的动作）来排除其他消息。

2. 包容的，即通过排除某些消息来容纳其他消息。

3. 与我们所说的"前提"有关。图片框架告诉观众，在解读图片时，不能使用与解读相框外壁纸时相同的思维方式。因此框架本身就是前提系统的一部分。

4. 元交际。任何显性或隐性地定义框架的消息，事实上都会给接收者指示或帮助他理解该框架中包含的消息。

5. 第 4 点的逆命题也成立。每个元交际或元语言信息都明确或隐含地定义了它所传递的信息集，即每个元交际信息都是或定义了一个心理框架。

6. 心理过程类似于逻辑，需要一个外部框架（功能是限定逻辑类型的框架）来界定图形被感知的背景。

一些作者使用"意识形态"这一术语来代指在任何无意识的情况下所被合并的意义视角，但是我想用这个词来特指另外一种集体持有的社会语言学下的意义视角。第五章和第六章将讨论把意义视角指定为"有限"或"曲解"的标准，以及这些视角与成人发展的关系。

五、图式

认知心理学文献中的主流观点认为，图式是一个事件有组织的表征，是预期的原型或规范。在日常使用中，"图式"这一概念经常与"概念"相区别，因为前者被用来指动态的或涉及关系的"心理结构"。当图式被用来理解社会世界时，通常与"命题观点"和"信念系统"相区别。事件序列图式有时被称为"脚本"（当我们打开前门走出家门时，期望迈上通向街道的人行道，而不希望踏进鲸鱼的嘴里）。人物原型图式有时被称为"人物角色"，本质上是刻板印象（非贬义）（Nisbet and Ross, 1980）。分类图式、含意图式、原因图式和目标图式在语篇理解研究中也得到了确认（Graesser and Clark，1985）。图式的可用性是决定它是否在特定实例中被使用的关键因素。像意义视角一样，图式理应指导我们在特定情况下如何体验、感受、理解、判断和行动。

不幸的是，图式这个术语经常被扩展到各种不同的维度或过程，这些维度或过程具有不同的抽象层次，它们之间的关系以及元图式的作用还没有被清楚描述。质变理论挑战了这一普遍假设，即图式要么是外部的现实图像，要么是知识"结构"，要么是记忆储存。

区分符号模型和期望习惯改变并完善了图式的概念。基于 Gregory Bateson 的观点，即观察和理解的方式可以理解为"感知习惯"，以及 Karl Popper 强调期望在学习中的作用，质变理论区分了与时间、空间、方向、维度、顺序和实体相关的分类图式，并指出依赖语言来掌握图式的功能。这些功能可以进一步与预期习惯或意义视角的功能区分开来，后者反映了发展阶段视角、认知和学习风格、知觉过滤以及社会意识形态、专业或学术学科、文化和语言规范、自我概念、内摄价值体系，以及由人格和神经官能症形成的倾向意义视角。不仅仅是作为当前经验分类的框架，而是由预期的可能性范围所决定的，它代表了关于目的、规范和判断标准的价值假设。

尽管 Goleman 认为图式是"记忆储存的结构"（1985），但他也认为图式是对感官输入的指导、分析、简化、组织和删减。当它们以这种方式运作时，图式就是"把守意识之门的狮子"和"认知的基石"，体现了新经验的范畴和规则。他们设定优先顺序，确定相关性，并确定关注的焦点以及将进入我们意识的内容。所有这一切都发生在意识之外，默会学习发挥它的调节功能，根据感知需要、兴趣和感知显著性的标准，主动选择我们要关注的内容，只有那些在前意识中最活跃的模式才能到达意识。根据 Coleman 的认知心理学，我们的大脑使用图式来扫描和过滤刺激，或将它们归入长期记忆引发无意识反应（有经验的打字员在打字机上找到正确的键），或将它们转移到意识和潜在意识反应中。根据 Coleman 的说法，我们使用我们的图式库来对客体和事件进行分类。Coleman（1985）同时赋予图式的其他功能：

图式和注意力在复杂的互动中相互作用。关注经验的一个方面——比如说，午餐时间你感到饥饿——会激活其他相关的图式，比如说，想到附近餐馆或是想起冰箱里可以吃的东西，这些图式反过来引导注意力。如果你走在街上，这些图式变得活跃，你的注意力将集中在餐馆上，而不是街上其他种类的商店；如果你走向冰箱，你的注意力会集中在冷盘上，而不是晚餐的烤肉上。图式在不同场景中有不同的选择，他们决定了关注的范围。注意力和图式之间的相互作用使它们成为"自欺"的核心，图式不仅决定我们会注意到什么，同时也决定了我们没注意到的东西。

从质变理论的观点来看，期望和意义图式的习惯，而不是图式或"记忆模块"，有选择地决定了我们的注意力和感知范围，并任意地决定了我们在价值系统中对事物和事件进行分类、进行关联和归因的方式。它们为将复杂的推理任务简化，为简单的判断提供了基础。他们给我们"设定"了特定的期望，包括因果关系、事件序列的场景、目标取向以及他人形象（Archie Bunker、二手车推销员、岳母、懦夫）。这些解释总是笼统的，并为特殊情况下的例外做出规定。然而，它们往往成为自我实现的预言。Ashley Montague 写过"精神硬化"或"类别硬化"。

无论图式或意义视角有多封闭，我们都不会被 Popper 的"框架神话"所束缚，他认为人类会被完全不同的视角所束缚，以至于无法沟通。尽管有困难，我们仍可以进入理性的讨论，因为在观察、概念、问题或标准方面，意义视角之间总是有一些重叠部分。

由于需要避免威胁信息，我们缩小了我们的感知范围，盲点出现了——Goleman 称之为"空白"，Fingarette 称之为"无意义的补丁"。它们利用注意力来过滤信息流，进而定义感知和反应的特点。这导致了性格的形成。"童年时期学习的注意力图式会自我延续；一旦察觉到威胁的某种预期，个人就会倾向于去寻找它并发现它——或者移开视线去避免它"（Goleman, 1985）。Goleman 引用了 Ernest Becker（1985）的话：

> 这种（我们的个性）组织是一个过程，在这个过程中，有些东西必须比其他东西更有价值，有些行为必须被允许，有些被禁止，有些行为准则必须弃用，有些想法可以被接受，有些被禁止等等。在成长和组织过程中，每个人都将封闭自己的世界，把自己围起来。

在通过关注事物有限的范围来隔离世界的过程中，不可避免的是，学习者必须给一些不值得的事物以不相称的权重，并人为抬高他们在感知和有限行动范围内的重要性。Goleman 说，"这样做是因为它代表了一个你可以牢牢抓住的领域，你可以熟练地操纵它，可以很容易地用来证明自己——你的行为、自我意识以及在这个世界上做出的选择"。

Goleman 认为，人类最基本的需求是理解，这种理解不会因对焦虑的刻意回避而失真，同时也需要导师，他们不会与学习者对焦虑的否认相勾结，用来帮助激发信息，自我欺骗，或者他们共同的社会幻想。这是调查记者、"告密者"、调查官、大陪审团和治疗师的职责，他们都试图让我们诚实，远离自我欺骗。这份清单必须扩展到所有与成人教育相关的人。

六、个人建构

George Kelly（1955）描述了"个人建构"的发展，"个人建构"具备一些与意义视角相同的功能，因为它们被定义为"人类创造并试图适应其现实的模板"。契合度可能并不总是最好的，但它是我们的全部。因为我们不能在不否定其他东西的情况下肯定某样东西，所以建构是两极的，并将体验引导到两个维度上：好与坏，友好与不友好，威胁与不威胁，可接近与不可接近，聪明与愚蠢，等等。有些建构是上位的概念，例如，"好"包括善良、慷慨、同情、勇敢、聪明等等。每个人都建立了个人建构的等级系统。

建构不代表或象征事件，而是代表事件之间的区别。它们是参考轴，使我们能够将事件放入数组和尺刻标准中，区分事件的元素，并通过区分对立极性的元素对它们进行分组。通常，当我们对事件的预期被确认或发现有所欠缺时，个人建构系统会被修改，如果它们没有被修改，它们会变得不够现实可行。建构系统的转变受限于它对新元素和新从属构造的渗透性或开放性，其中，事物的共享结构是社会互动的基础。

Kelly 清楚地预见了质变理论，他的"基本假设"是"一个人的行为过程在心理上被他所预见事件的方式所引导。"他提出了以下推论：

1. 一个人通过解释类似的事件来预测事件【也就是说，当我们遇到一个类似于以前遇到的事件时，我们会重复先前的解释】；

2. 人们对事件的建构各不相同；

3. 每个人都有自己的特点，为了便于预测事件，他们进化出了一个包含结构之间有序关系的建构系统；

4. 一个人的建构系统由有限数量的二分结构组成；

5. 一个人在二分建构中为自己选择方案，通过这个选择，他预期更大的可能性来扩展和定义他的系统【选择能详细说明预见事件的系统】；

6. 建构仅适用于对有限范围的事件进行预测；

7. 人的建构系统会随着他对类似事件的连续解释而变化；

8. 人的建构系统的变化受到结构的渗透性限制，在这些结构的便利范围内发生变化;【新的经验和事件可以添加到系统已经包含的内容中】;

9. 一个人可以连续地使用各种不同的建构系统，这些系统在推理上是不相容的;

10. 在某种程度上，如果一个人使用的经验结构类似于另一个人，他的心理过程也会与另一个人相似;

11. 就一个人对另一个人的建构过程的理解而言，他可能在另一个人的社会过程中发挥作用。

推测意义视角可能如 Kelly 所建议的那样被构建，这不仅具有挑衅性，还要注意的是，他的高级价值结构提供了主要的映射坐标（也就是说，获取方位的参点），与柏拉图唯心主义哲学家的"永恒真理"有惊人的相似之处——真、美、善、正义等等。或许这些不是形而上学的概念，而是获得的意义坐标，它在认识论上构建了我们思考和学习的方式。Kelly 对个人建构运作方式的描述也暗示了意义视角的心理动态过程。

七、语言游戏

Wittgenstein（1958）的"语言游戏"是根据我们学习环境中的各种规则所进行的活动。在质变理论的术语中，规则是构成意义视角的假设;它们与描述外表、下达和服从命令以及证明行为的正当性等活动有关。理解包括能够正确地遵循规则并对情况做出正确的反应。我们通过观察学习者正确的行为方式或遵循特定规则对情况做出正确的反应来判定一个人学到了一些东西。

语言游戏指的是我们在特定语境中使用语言达成的默契。我们对词语的定义、与它们相关的情况以及使用它们的结果达成一致。为了理解"约翰有六英尺高"这句话，我们必须就"六"这个词的含义达成一致——也就是我们使用这个词的条件。同样，我们必须就我们使用"英尺"这个词的条件，以及以英尺为单位测量的隐含过程的性质达成一致。这些约定同其他的约定一起构成了通过传达"约翰身高六英尺"的语言游戏规则。只有在语言社区的成员就这些规则达成共识后，我们才能试图判断关于约翰身高的断言的真实性。我们通过理性话语达成的共识为判断的有效性或正确性提供了"客观"标准。

八、非语言游戏

如果一个蒙面人在一条黑暗的街道上用枪指着我要钱，我们有共同的期望，那就是在接下来的"手势对话"中，我们都知道彼此会有什么样的行为。我会站着不动，举起双手，避免快速移动；他会拿走我的钱包,可能还有我的手表。如果我大叫或打架，会增加他开枪打我的可能性；如果我把钱包给他，他不会伤害我的可能性更大。如果我避免目光接触，他可能不太会把我的目光理解为挑战；另一方面，如果我讽刺或侮辱他，我会招致暴力回应。尽管这些期望是默认的，但作为交流的文化和语言条件，它能被那些互动的人相互理解和接受，建立了这些互动条件的社会规范只有在双方相互理解并接受的情况下才有效。由于这一次的交流很大程度上没有说出口，人们只能通过在情境和互动参与者的"行动路线"中共享的意义视角来理解它。

为了解释人们如何或为什么学习，我们必须注意他们分享的意义视角，即他们玩的"语言游戏"，其中在意义视角或正在进行的语言游戏的背景下确定他们遵循的规则至关重要。学习者学会以适当或不适当的方式来应对环境，即便是不适应或怪异的行为也被认为是学习者在学习过程中对不适合特定环境的规则做出反应的结果。

对 Wittgenstein 来说，我们的信念并不是我们做出行为的真正原因，尽管我们经常把这些信念作为被认为是应该做的事情的理由。相反，是我们所处的环境以及我们学会处理情境的方式导致了我们的行为。

对于教育者或治疗师来说，相关的问题是"学习者如何应对这种情境"和"学习者遵循什么假设规则"。在试图描述学习者在特定情况下所遵循的规则时，教育者必须考虑学习者所表明的本人遵循规则的方式以及对学习者有一定了解的其他人的看法。

我们学习各种"游戏"的规则，就像我们学习以特定的方式对情况做出反应一样。教育者教学习者玩新的语言游戏，就好像学习者在玩各个新游戏一样，并遵守其中的规则。希望能够促进质变学习发展的教育者提供不同的意义视角，这些视角根据学习者被教导要遵循的新规则提供了对情境做出反应的新方法。然后教育者鼓励学习者在特定的问题情境中运用新的视角（规则）。只有在质变性的见解的基础上采取行动，视角转变才能完成。

质变理论为 Wittgenstein 的思想增添了维度。质变理论家称语言游戏为社会语言学下的意义视角，主要从一个人的文化中所吸收的期望习惯。语言游戏通过对其前提的反思而改变。即使对于工具性学习来说，断言的真实性也可以通过经验来确定，这个过程总是在所用范式达成共识的情景下不断发展。质变学习是通过行动学习，行动学习意味着从开始就要采用不同的意义视角。

第三节　意义、语言和文化

社会语言学意义视角包括文化和语言代码。理解过程中意义的形成主要是一种语言活动，尽管意义视角还可以定位于视觉、听觉、动觉以及言语行为（Cell，1984）。我们需要充分认识到语言塑造、限制和扭曲我们信念的方式。我们通过记号和符号创造和分享意义，我们通过将需求和冲动附加到一致同意的含义上使之转化为欲望和目的。需求和冲动只有在交流的时候才会变成欲望和目的。需求和冲动的含义是由用来描述它们的术语来定义的。

我们共同的语言将我们联结成一个对话的共同体，这一共同体的意义在于通过协商来确定一个句子或一种表达是真实有效的，因此，对任何想要理解和促进成人学习、提高自主能力和责任感和享受自由的人来说，参与其中是非常重要的。

一、语言的文化内涵

知识具有联想和交流的功能。因此，它依赖于传统——也就是依赖于文化传播以及符号结构和理解方法的发展和认可、文化规范思维和行为模式。Bowers 观察到，有意感知的范围，解释复杂的能力，以及想象非传统的未来可能性的契机，都受到有限语言代码的制约，这些代码传达了一个充满知识技巧的生活世界。规范、规则、制度、价值观和解释，包括那些以非此即彼、因果必然、是非对错的极性二元思维都嵌入了语言之中。语言不能充分传达中间阴影、语境、意向性或主观意义。Hanna Pitkin（引自 Shapiro, 1981）指出我们的"语言成员资格"构成了一套内在强制性的规范，个人不能有效地操纵这些规范，因为它们的意义来自集体而非个人经验。

文化规范是一种默认的管理原则，它们在特定的知识体系或专业领域内，以及体系和领域之间建立权力关系和适当的语言性质，它们也是隐含在我们社会规范中的假设背后的原则。对 Foucault（1972）来说，"知识体"是利益和权力关系的模型，特定的知识系统为"知识体"所创造，并赋予它意义。Foucault 认为，知识体系的质变与认知无关，而是社会利益变化的结果，社会利益将人定位于不同的角色，并以不同的方式分配权力和责任。

意义、思想、感情和概念并不被包含于文字、句段、书籍、戏剧和诗歌之中，因为他们是沟通的创始者（Reddy，1979）。其他那些包含部分意义的符号系统，一种不同于"交流创始者"的经验——可以刺激对方根据自己的经验——重建意义、想法或感觉。我们在很大程度上通过与他人的对话来赋予经验以意义，包括理解其他人的言论中什么是有效的，并获得对我们自身言论的一致认可。

人们经常观察到，因为现实是由我们的语言符号系统预先构建的，所以，与其说人通过语言生活，不如说语言因人而存在。通过语言，我们创造了一些概念用以定位和标记经验在时间和空间维度上的变化流动，并进一步用来识别物体、事件、感觉、环境和语境。事实上，语言不仅仅描述我们所经历的事物和事件，而且可以用来构建它们。如果没有关于区分事件和物体边界的一些预设，我们的经验世界将混乱不堪。陈述不仅仅与物体和事件直接相关，而且受复杂的规则语言支配，这些规则依赖于隐含的规范或标准（隐性知识）来表征经验。在《现实的社会建构》（1966）中，Berger 和 Luckmann 写道：

> 日常生活中使用的语言不断地为我们提供必要的客体化流程，语言通过排序使一切变得有理可言，并且个体能以一定的顺序来建构自己生活的意义。生活在指定的地理位置、使用开罐器、跑车等工具，这些都是我所在社会的技术词汇。我生活在人际关系网中，从国际象棋俱乐部到"美国"，这些都是以词汇的形式来排列的。语言通过这种形式，标记了我在社会中的生活坐标，并让生活充满有意义的东西。

Michael Shapiro（1981）认为，在任何社会或文化中，语言都包含一些规则，这些规则为现实情况提供了边界，从而产生了言语的指代对象，即物体和事件。例如，我们通常不会刻意地将某些人视为孩子，我们之所以将某些人称为"孩子"，是因为我们的语言（以及意识）包含了"孩子"这样一个受规则支配的类别，这一类别恰好符合当下现实中的生活模式。这样一来，语言的"政治"内容在这里变得显而易见，这是在一套关于文化就特定的权威和责任关系的前提下，体现了它合法性、影响力和控制力的含义。与 Foucault 一样，Shapiro 认为，对意义问题的充分考察必须着眼于揭示语言和替代性言语实践中固有的政治预设，基于一种语言学的意义角度。言语是一种活动形式，其意义存在于对话的使用中。观点的意义要在它被表达的语境——意义视角、自我概念、行动路线和情境中被理解。

二、期望的语言视野

在我们期望习惯的不稳定的背景下，符号模型被富有想象力地投射，用来解释物体和事件。J. N.Hattiangad 的著作 *How Is Language Possible* 的中心论点是（1987），一个词及其表达的意思也是一套期望或信念（"理论"），每一个 "都可能是一个可能想象的错误的假设，尽管我们可能暂时无条件地接受它"。所以效度测试对于意义理解很重要。词或词的组合是这些期望的 "结晶"，声音依附于这些期望，每组有意义的声音都可以和其他声音组合成句子。

例如，我们通过识别各种各样的 "大" 事物来理解 "大" 的含义。我们每个人都把 "大" 与不同的维度和事物联系在一起。因此，对于不同的人来说，"大" 的总含义包含了许多不同的子含义。以 "大事是……" 开头的描述性句子中，有些人可能会犯错误，或诉诸迷信、刻板印象或其他曲解。尽管如此，还是有一些共同的意义元素让我们得以交流。

为了调和同一事物的不同含义，必须广泛参与对话。我们对语言的理解是相近的。幸运的是，尽管我们可能永远无法完全理解某一言语，但我们确实能理解大致相似的语言。对于 Hattiangadi 来说，一个词的意义不是由它的用途或支配它的规则来定义的，而是由人类的认知来定义的。正是这种意义上的可变性与共同元素相结合，使我们能够使语言适应新的体验。

当一个概念与根深蒂固的视角相矛盾时，它可能会与嵌入在我们词汇中的含义相矛盾，甚至可能与为我们提供语法类别的视角所预设的意义相矛盾。然而，日常语言反映了我们根深蒂固的意义视角，可能会通过反思而受到挑战，然后我们试图利用一种 "表达的方式" 来更加试探性地表达我们自己，比如也许会使用新的单词或者是单词组合。

语言意义视角的质变是语言学习的内在特征。新的期望（意义图式）可以带来概念上的变化，因为它们与嵌入在旧词含义中的信念相矛盾。我们通过理解问题来学习，为此我们准备了一个"理论"或意义图式，它为我们提供了用来表述新问题的新单词。新问题由新模式来解决，新的意义图式提供了一些更专业的语言。Hattiangadi 写道：

在我看来，超越语言的预设并不了不起，只是一件司空见惯的事。每个学习语言的孩子都在不断地超越自己语言的预设观点。这一过程的关键在于一种语言的特殊能力，它能让我们接受与其预设相反的观点。实现这一目标的手段是将对话形式制度化，使它们在某种程度上脱离其原始意义。正是这一点让我们超越了语言的界限，去理解彼此。

总　结

本章通过与其他作者使用的类似术语进行比较，阐述了意义视角和意义图式的性质。这些术语包括期望视野（Popper）、感知过滤器（Roth）、范式（Kuhn）、框架（Goffman，Bateson）、意义视角、图式（Goleman，Bateson）、个人建构（Kelly）和语言游戏（Wittgenstein）。

这一章还解释了文化和语言设法创造意义视角和图式的方式，这些构成了 Popper 所说的期望视野，包括符号和记号的选择和解释，这些理解、相信和感受的方式很少是成年人有意识地学习的，通过这些符号和记号，经验中的实例可以被识别出来。

词汇和句子也可以理解为期望习惯。因为我们每个人都会经历用这些习惯类别来解释意义的不同实例，所以对话对于验证我们的特定解释是至关重要的。从这个角度来看，在对基于文化同化的期望习惯的言论进行批判的过程中，现实的扭曲和依赖性的生成导致了这些期望的转变，以上过程被视为现代社会中成年人最重要的发展任务。

本章讨论的各种来源的命题包括：

1. 意义视角是期望习惯的规则系统（取向、个人范式），而意义图式（构成特定解释的知识、信念、价值判断和感觉）是特定的期望习惯。两者都会影响我们定义、理解和根据经验行事的方式，而意义视角产生意义图式；

2. 意义视角是认知、文化和心理假设的结构，在这些结构中，过去的经验同化并质变新的经验。除了提供一个对经验进行分类的框架，它们还通过预期的可能性范围得到信息，这种可能性代表了关于目的、规范和判断标准的价值假设；

3. 因为意义视角主要是前理性的、不明确的预设结构，它们常常导致对现实的曲解。对不充分、错误、曲解或有限的意义视角或图式的否定或质变是成人学习的核心；这包括对基本假设的检验，而不仅仅是知识的扩展。意义视角和图式可以通过对它们所基于的预设进行反思性评估和批判而质变；

4. 我们学习是为了增加、扩展或改变我们的期望结构，也就是我们的意义视角和图式；学会改变这些意义结构从根本上来说是变革性的；

5. 其他作者所称的一些图式可能更好是理解为符号模型，它们是由中介意义视角组织和投射的，由一系列行动指示；它们的投射产生一种解释或意义图式。其他图式是一组习惯期望或意义图式。质变理论还区分了依赖于语言类别的图式和不依赖于语言类别的图式；

6. 在解释我们经验的性质和价值时，意义视角可以作为双极轴或坐标。坐标轴使我们能够对事件进行组织和排序，并通过区分两极对立的事物来分辨经验中的元素和元素组。意义视角可以界定我们的行为，包括视觉、听觉、动觉以及语言模式；

7. 我们的语言将我们联结在一个对话共同体中，我们有共同的意义视角、情境和词语含义。对话共同体努力就所表达的观点被认为是正确或有效的情况达成共识，对话是验证普遍持有的意义的必要手段；

8. 当新体验与我们的期望习惯不一致时，我们会放弃理性来避免焦虑，这可能导致了无意义的领域。为了提供意义，我们可以求助于自我欺骗的心理机制。

第三章

有意学习：问题解决的过程

本章重点讨论了工具性学习和交往性学习这两个有意学习相互作用领域之间的基本区别。这种区别源于哈贝马斯，他的工作也为质变理论提供了社会语言学的理论背景。这一章指出，交往性学习是建立在不同于指导工具性学习的逻辑之上的。在交往性学习逻辑中，隐喻而不是假设扮演着核心角色。在这种学习形式中，有问题的信念和意义图式通过批判性对话和行动得到验证。本章还描述了反思性学习，这是一个同时影响工具性学习和交往性学习的过程。这种学习包括对假设和前提的反思，可以改变意义图式和视角。最后，本章描述了成人学习的四种形式，其中两种是质变性的。

第一节　质变学习的社会语言学背景

尤根·哈贝马斯被认为是当代最有影响力的德国社会理论家。作为一名哲学家和社会学家，他在社会科学、语言学和哲学领域发表了一系列非凡的专业著作，这些著作结合起来提出了一套全面而富有启发性的思想，其中包括交往知识、人文关怀和理性，这对成人教育者尤为重要。他的思想根源是从康德（Kant）一直延伸到马克思（Marx）的德国传统思想。同时，他是法兰克福学派批判社会理论的主要代表，该学派（通过霍克海默、阿多诺、马尔库塞、弗洛姆等人的作品）率先研究了马克思和弗洛伊德思想之间的关系。做出了哈贝马斯交往行为理论（1984，1987）被认为对当代社会理论做出了重大贡献，为理解成人学习以及成人教育的功能和目标提供了新的基础。

一、效度测试

对话或交流行动（口头或书面交流）发生在有特定目标的个人与他人交流时，以达成对共同经验的意义理解，调整他们的行动来实现各自的目标。总之，达成理解是人类语言交往的内在目的。要想参与交往活动，就必须具备一种普遍的基本态度，对规范、价值观和基本规则的隐性共识——也就是意义视角，才能进行交流。这种基本态度的核心是对某一特定沟通的有效性（正当性）达成一致。根据这些态度所代表的先验知识，我们能够将交流者对所交谈内容的定义与自己的观点结合起来，这样就有可能形成一致的定义。

对话或交流行为促使我们与周围的世界、与他人、与自己的意图、感觉和愿望建立联系。这些领域的对话涉及了对所言、暗示或预设内容的正当性或有效性的、隐含的或明确的表达。对话的意义与其所主张的有效性有着内在的联系。吉登斯（可参考伯恩斯坦，1985）解释道："当我对别人说某件事时，我含蓄地做出如下声明：我所说的是可理解的；它的命题内容是真的；我说这话是有道理的；我说的是真诚的，无意欺骗。这些主张除了第一种，都是容易出错的，需要视情况而言，可以通过提出观点来加以批判、辩论。"

哈贝马斯将有效性标准的应用称为"Grounding"："'Grounding'描述性陈述，意味着确立事物状态的存在；'Grounding'规范性陈述，意味着确定行为或行为规范的可接受性；'Grounding'评价性陈述，意味着确立价值观的可取性；'Grounding'表达性陈述，意味着建立自我表达的透明度；'Grounding'说明性陈述，意味着符号表达的正确产生。"（哈马贝斯，1984）

我们通过言语来精炼关于客观事实、社会规范和主观经验真实性的有效知识。正如哈贝马斯所说："对句子的意义及其理解，离不开语言与语句有效性的内在联系。当表达者和倾听者知道句子在什么情况下是真的时，他们就能理解句子的意思。相应地，当他们知道一个词对句子

真实性的作用时，他们就会理解这个词的意思。"（1984）

　　图 3-1 描述了效度测试所涉及的过程。验证过程由学习者的目的或行动路线决定，即从通过反思、经验或共识确认、富有想象力的洞察来识别问题到作出新的解释。验证过程的每个阶段都受到意义视角的影响，而这可能由于先前的反思而发生质变（见第四章）。从新的解释到意义视角的箭头表明了验证过程的这一方面。

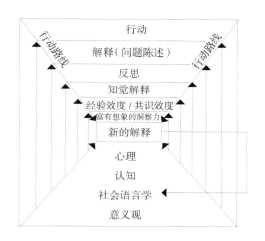

图 3-1　学习验证

二、理性

　　对哈贝马斯来说，理性与创造意义、理解和检验我们所交流内容的有效性息息相关。理性意味着通过推理——使用理由、权衡证据和支持论据——来检验有效性，而不是诉诸权威、传统或暴力。哈贝马斯反对理性的传统认知工具概念，认为这一概念是一个人获得和使用知识来控制和操纵环境的过程。他认为理性适用于所有效度测试，通过评估陈述的有效性来确定意义，不能局限于命题的真实性问题或达到目的的方法。

　　哈贝马斯使用"论证"一词指代对话过程，在这个对话过程中，隐含的有效宣称被明确地提出并受到质疑，需要通过论据来批判和证明。论据包含支持有效宣称相关的理由或依据。理性表现在可以公开伦证。"个人基于理由选择同意与否，这些立场是对洞察力或理解力的表达"（1984）。简而言之，论证就是将理性应用于有效性检验的过程。在交往行为的语境中，负责任的、自主的成年人是交往群体中的一员，他们能够充分参与交谈以评估和批判有效宣称。

我们在审查声称有效性的理由时所使用的理性论据是顺应文化传统的。它们也在许多不同的制度中被制度化，涉及命题观点的真实性，法律制度涉及确定诉讼的正当性，艺术机构关注确定创造性表达的真实性。这些专门的对话社区有意识地制定了明确的标准，就有效性要求做出知情、客观和合理的共识判断。

因为有效宣称可以被理性地批判，所以有可能改正错误并从中吸取教训。我们不仅可以修正之前学习中的错误，还可以通过对之前未经检验的假设进行批判性反思，来挑战和修正不充分的意义图式和导致我们在之前的解释中误入歧途的假设。

交往能力是一种参与理性评估证据和论据的能力，这些证据和论据支持是对语言交往行为有效性的隐含或明确的主张，即在对话中运用理性。对于鲍尔斯来说，交往能力可以简单地理解为"个人协商意义和目的的能力，而不是被动地接受他人定义的社会现实"（1984）。虽然在验证过程中孩子们必须依赖成年人的权威来获得指导，但自我导向是文化定义成年所固有的特性，而沟通能力是自我导向的本质。由此可见，不受强迫的自由是交往能力不可缺少的条件。

第二节　交往行为的动力

交往行为涉及三个相互关联的动力。它们是生活世界、学习和社会互动的动力。本节将详细研究这些不同的动力。

一、生活世界

符号预先构造的日常生活世界，或"生活世界"，是"文化传播和语言组织的解释模式或视角的储备"。这个被认为理所当然的日常社会活动世界以及提供"情境化视野"反思的生活世界，由大量不容置疑的假设和共同文化信念组成，包括准则、规范、角色、社会实践、与他人相处的心理模式和个人技能。通过语言交流，它为学习者提供了一个基础，在这个基础上开始协商对情境的共同定义。

生活世界的再生产过程、文化再生产、社会整合和社会化基于交往行为的理解、协调和社会功能。这些功能在哈贝马斯所谓的命题行为、言外行为和表达性言语行为中表现出来。言外之意是指说话者有目的的行为。如果我对你说，"小心，它可能会爆炸"，我所做的就是给你一个警告。言外行为规定了"说话者用对话提出的有效性要求是如何提高的以及为什么提高"。言外行为与理性有着内在的联系，这为其注入了基于洞察力而非外力相互认同的内在可能性。

二、学习

哈贝马斯认为，交往行为的第二个动力涉及学习过程的质变性。通过批判性反思的能力，我们可以减少生活世界对日常生活中交流实践的"预判力量"。一旦我们的经验被转化为言语行为，它们就会转化为判断并与有效宣称相关联。我们被赋予"拥有"相互理解的权利，因为这是成人对质变学习批判的有效宣称的解释和立场。

正如哈贝马斯所建议的那样，当我们知道在什么条件下所表达的想法是正确的时，意义就被理解了，我们必须密切关注效度测试的过程以达到学习的目的。在对话中，我们通常所说的内容要么是描述性的，要么是规范性的，要么是表达性的。这些内容的有效性可以分别通过提出真理、正义和自我欺骗问题的争论性对话来质疑。因此，存在三种主要的对话类型，第一种对话是关于我们对世界的了解。对真理的主张可能会受到质疑。如果是这样，接下来的对话被称为哈贝马斯理论对话。对真理的主张可以通过经验测试来验证。第二种对话是涉及社会规范、理想、价值观和道德观念的对话。当这些受到挑战时，争论的不应是它们的真实性，而应是它们的正确性（或者作为标准使用的规范的正确性），从而促成实际对话。在实际对话中，通过理性的对话达成共识，从而实现对主张的验证。第三种对话涉及情感或意图，与人的主观性有关。他们可能会在真实性方面受到挑战。治疗性对话试图确定它们是否代表了真实的感觉或意图，还是包含了谎言或自我欺骗。

还有另外两种类型的对话。一种是"审美性批判"，它挑战任何试图解释情感和欲望所隐含的价值标准。另一种是"解释性对话"，它提出了关于语言表达的可理解性或正确性的问题。正是通过这些批判性对语，言语行为的有效性受到质疑，学习者才有机会对自己的经验做出新的解释，这反过来又可以改变意义图式和视角。

对哈贝马斯来说，发展个人身份认同的想法围绕着个人批判性自我反思能力的实现。他改编了皮亚杰的"去中心化"概念，即从以自我为中心的对世界的理解转向参与对所传达内容有效性的理性争论的积极意愿和能力。当一个人去中心化时，"通过交往达成的理解"取代了愿意接受由生活世界的背景信念所规定的"规范的约定"。应用于交往的理性将去中心化的世界理解与参与评估的可批判的有效宣称的可能性联系起来。

三、社会互动

交往行为的第三个动力是社会和社会互动的自我调节系统，即物质再生产的模式，是生活世界的"边界维持系统"。传统文化通常涉及封闭的世界观。通过社会进化和世界观的去中心化，现代文化通常更容易根据其成员的学习经验进行修改。去中心化过程越突出，只基于既定信念和行为准则的共识就越不确定。

"现代性机制"，如市场经济中交换关系的组织和政治权力制度化的公共官僚机构，往往成为准自治的子系统，通过理性地解决有效性要求来破坏寻求相互理解的过程，以此来组织和引导社会互动。专业化已经成为在日常生活中促进普通人之间批判性反思对话的进一步障碍。成年人不再是相互了解世界的积极分子，而是成为"客户"，公民沦为大规模操纵的对象，工人变得商品化。这些"系统"力量倾向于征服或"殖民"生活世界，扭曲理性决策和成人学习过程，危及社会融合以及经济和公共政策所需的支持。

经济和行政子系统侵蚀可能会影响交往互动。尽管如此，通过关注与生活质量有关的社会运动仍有解放和抵抗的潜力，如公民权利、生态、和平、妇女、人民民主以及其他关注保持所有人积极参与批判性反思对话的必要条件的运动。哈贝马斯认为，我们必须发展必要的制度和交往能力以确保公共领域有效运作。在这个领域中，实际问题可以通过公开讨论来解决，并在达成一致协议的基础上做出决定。

第三节　工具性学习

在哈贝马斯的《认识与兴趣》（1971）中，他描述了人类兴趣产生知识的三大领域：技术、实践和解放。它们分别基于我们与环境、他人和权力的关系。每个领域都是"知识构成的"，因为它有自己独特的发现知识的方法和验证与之相关断言的方法。

哈贝马斯认为前两种人类兴趣代表着不同的学习领域——分别是工具性学习和交往性学习领域——而解放性兴趣则涉及批判性反思的学习维度，对另外两个领域都有影响。这两种兴趣，对不同的成人学习促进者对应着不同的个人学习模式、学习需求和影响。哈贝马斯从根本上区分了控制和操纵环境的学习动力（工具性学习）和理解学习的其他动力（交往性学习）。这两种基本兴趣性质的差异性要求对每种类型的学习采用完全不同的系统、客观的探究方法。

认知兴趣的三个领域中的第一个，即技术或"工作"领域，涉及我们控制和操纵环境的方式，包括他人。这包括在控制或操纵他人的情况下进行的"战略"行动。工具行为总是涉及对物理或社会可观察事件的预测，这些预测可以证明是否正确。这种行为基于经验知识并受技术规则的支配。工具行为过程中的选择包括基于这种知识并从价值系统的规则或调查规则中推导出来的策略。这些策略可能是正确的，也可能是错误的。选择最佳策略取决于正确的评估备选方案。对现实进行有效控制的标准决定了选择是否合适。

工具性学习的领域主要包括确定因果关系和在任务导向的问题解决中学习。杜威（1933）在问题解决背景下的反思概念在这里有着特殊的相关性。杜威解释说，我们对不确定情况反应制定假设的行动路线，预测每一行动的后果，根据最可信的假设采取行动，并通过行动的结果来检验其有效性，从假设中推导概括出结论。皮亚杰用"形式运算"来描述这种假设演绎的推理形式，将其视为人类在青春期出现的最后发展阶段。

用质变理论来说，在任务导向的问题解决中，通过测试一个假设的意义图式来演绎获得的意义，会更有效地影响因果关系，从而更好地控制问题情境。我们首先提出一个预测（假设），描述如何通过不同的方式使某事更好地工作。例如,击打高尔夫球使其更靠近球洞（因果效应），我们可以分析相关的变量——既与风格和技术有关的变量，也与姿态、风和地形条件有关的变量——通过改变握球杆的方式来获得更大的控制（假设）。然后，我们通过保持其他变量不变并改变对球杆的控制来检验这个假设。如果最终的挥杆使球比以前更靠近球洞，我们可以把这个假设视为事实。换句话说，意义图式的真实性假设归因于外部现实通过对变量的控制和操纵来证明或否定，这些变量遵循一种规定的探究形式，即实证分析调查的协议。

应该注意的是，在这个学习场景的背后不是经验上的、既定的意义，而是一组达成共识的意义，即关于因果关系、游戏、高尔夫球和高尔夫球杆的功能、在高尔夫球场成功表现的意义，以及概念化这个现实词语和句子的意义。工具性学习和实证验证基于并依赖于交往性学习。

工具性学习总是包括对可观察到的事物或事件的预测。一个命题可以通过证明其经验"真理性"，而被认为是"有效的"，即它与事实相符以及所涉及的分析具有正确性。也就是说，被证明是合理的或可支持的。组织经验以确保这些操作的成功，而学习是为了确定因果关系。

"实证分析"自然科学的发展是为了帮助我们理解与技术兴趣相关的材料。哈贝马斯认为，这种认识方式的形式本身就要求把对象和事件分析成因变量和自变量，并确定它们之间的规律性。我们致力于控制和操纵环境决定了一种独特的方法，这种方法使用假设演绎理论并允许通过可控的观察和实验从类似规律的假设中推导出经验概括。

第四节　交往性学习

认知兴趣的第二个领域是哈贝马斯所说的"实践"，与该领域相关的学习领域叫作交际学。它的目的是交流：当我们试图通过演讲、文字、戏剧、电影、电视和艺术来分享想法时，学会理解他人的意思并使自己被理解。成年期最重要的学习属于这一类，因为它涉及理解、描述和解释意图、价值观、理想、道德问题，社会、政治、哲学、心理学或教育概念，感觉和理由。所有这些都受到文化和语言规范以及社会规范和期望的决定性影响。

交往行为是一种与工具行为截然不同的认知方式。哈贝马斯写道，交往行为"受具有约束力的共识规范的支配，这些规范定义了对行为的相互期望，并且必须得到至少两个行为主体理解和认可。社会规范通过制裁来实施，其意义在普通的语言交流中被客观化。虽然与工具性学习有关的技术规则和策略的有效性取决于真实经验的或正确分析的命题，但基于主体间性的相互理解意图和义务的普遍承认保证了社会规范的有效性"（1971）。

一、共识验证

共识验证是对从具体到诗意的多个维度广泛经验意义的象征性断言。我们不断面临着必须确定报告、预测、解释、论据和否认的有效性，以及在为命令、请求、借口和建议的有效性证明时的隐含声明。我们必须决定什么是对或错、坏或好、正确或不正确、合适或不合适、美丽或丑陋。正如哈贝马斯所指出的，在交往性学习领域，有效性不能通过工具性学习中使用的实证分析型探究来确定。相反，效度检验采用通过理性对话达成共识的形式。

在缺乏实证检验的情况下，我们通过依靠传统、权威、武力或者依靠那些最有见识、最理性和最客观的人尽可能达成的广泛共识来了解他人断言的有效性，并获得对自己想法有效性的信任。在理想情况下，验证表达的想法所达成的共识意味着普遍同意，就像陪审团在法庭审判时，无论是否有一个或两个生病的陪审员被替代陪审员取代了位置，判决将保持不变，因为无论陪审员如何变化，对证据和论据的知情与客观审查应该达成相同的判决。然而，事实上，即使有可能也很难达成普遍共识，通过理性对话达成的共识判断的有效性肯定是暂时的，因为新信息和新范式总是会出现。古尔德纳（1976）恰当地指出，这种群体共识是一种调解和持续对话。

因为可以通过强制手段达成共识，所以在特定共识被认为合理之前，必须对达成共识的标准进行审查。通过认识到每个参与理性对话的群体都能使更大群体接受其程序和结论，暗示遵守这些标准是集体协议的产物这一无限复原的征兆就会得到改善。古尔德纳指出，即使在科学探究的背景下，"科学家的行为也必须被更大的非专业学者群体视为具有合理性，因为他们的一些理性语法或关键的文化对话，都能接受跨越每门科学的不同范式。"古尔德纳接着观察道："因此，真理主张的有效性应该被理解为一种对话中的提议和反提议，而这种对话由分享批判性对话文化的利益相关者群体发起。它们是持续的谈话过程中的某一瞬间，对以前说过的话的回应以及对发言者之外世界的评论。"

与日常对话相反，在理性的对话中，更强调语言上原则和操作的明确性。因此，古尔德纳说，这种对话可能比普通的对话更独立于语境，与当地的社会结构、关系或情境联系更少。理性的对话已经制度化，例如在法庭诉讼、大学研讨会、科学探究、心理治疗和负责任的新闻报道中（至少在它们的理想形式中）。当我们有理由质疑断言的可理解性、真实性、适当性（与规范有关）、准确性（与感情有关）或质疑陈述者的可信度时，我们就诉诸对话。当这种情况发生时，直到这些问题得到解决，进一步的对话才有可能发生。

二、理性对话的条件

因为对有争议的意义进行效度测试对于理解所表达思想的意义在何种条件下的真实性是如此重要，并且由于我们需要理解的很多东西都必须经过双方自愿验证，所以沟通的本质意味着存在一组最佳条件参与理性对话。在这些最佳条件下，参与者将：

1. 拥有准确完整的信息；

2. 不受胁迫和避免扭曲的自我欺骗；

3. 能够客观地权衡证据和评估论据；

4. 对其他观点持开放态度；

5. 能够对预设及其后果进行批判性反思；

6. 有平等的参与机会（包括挑战、质疑、反驳和反思的机会，以及知晓他人也这样做的机会）；

7. 能够接受知情的、客观的和理性的共识作为合法的有效性检验。

这些条件为确定判断意义视角、教育过程以及社会目标和实践发展水平的标准提供了基础，成为成人学习过程的实然状态和教育与社会哲学应然状态之间的桥梁，我们将在第七章中了解到这些内容。

在这些理想条件下参与理性对话将有助于成人对意义视角进行批判性反思，并获得更高阶的意义视角。高阶的意义视角是指：

1. 对经验更具包容性、识别力和整合性；

2. 基于完整信息；

3. 不受内部和外部胁迫；

4. 对其他视角和观点持开放态度；

5. 接受他人作为对话的平等参与者；

6. 客观合理地评估争论的论据；

7. 批判性地反映了预设及其来源和后果，并能够把接受知情和理性的共识作为判断相互冲突的有效宣称的权威。

三、理性的局限

理性对话的过程具有局限性。无论是索威尔所描述的"受约束的"和"不受约束的"社会愿景（见第五章）中所涉及的问题，抑或是关于堕胎的辩论都不适合这个过程，因为对立群体的预设往往不可调和。当理性对话失败时，我们会求助于其他形式的权威来解决分歧。在美国，我们太容易诉诸政治解决或通过法庭强加解决问题，或者求助于宗教教条。我们应当尽量减少这些强加的解决方案，不允许政治、法律或宗教体系的指令成为理性对话的替代品。从某种意义上说，政治家、律师和教条主义的宗教领袖代表了一种根深蒂固的权势集团，他们在解决问题上获得了霸权，这种霸权侵犯了成人学习者和成人教育工作者的生活世界。当教育者失败时，政治家、律师和宗教领袖就会介入并强行实行解决方案。当然，这些职业中的任何一个都可能——有时确实——扮演成人教育工作者和促进者的角色，而不是篡夺批判性对话和共识的角色。

四、与工具性学习的区别

在交往领域的理解和探究不像在工具领域那样以技术控制和操作为目的。相反，他们的目标是澄清沟通和"主体间性"（自己是一个主体，他人作为另一个心理主体，而不是作为被控制和操纵的对象）的条件。因此，该学习领域的问题解决过程与工具性学习中的任务型问题解决过程有着根本的不同。

在交往性学习中，学习者通过使用语言和手势以及预测他人的行为，在一系列特定的接触中积极而有目的地进行协商。这一过程受社会规范的支配，社会规范以一系列相互期望的形式为理解提供了参考框架和前提条件。

交往性学习中的探究形式是有设计的，而不是工具性学习中的规范性形式。我们学会理解指定的内容，而不是规定应该做什么。我们都读过一首诗或看过一幅画却没有完全理解它，或者对一部戏剧或电影的意义理解不清。直到后来通过读到的东西或者是朋友、评论家的精辟评论获得了一个意义图式，我们的经验才变得清晰并充分理解。然而，和工具性学习领域一样，通过推理和论证可以达成一致判断。

交往性学习的重点不是建立因果关系，而是通过符号互动来增加洞察力和达成共识。这个学习领域的行动是交流性的而不是工具性的。交往性学习中的问题解决过程不是检验假设的真实性，而是识别和验证解释结构。

指出工具性学习和交往性学习的区别十分重要，因为工具性学习已经被普遍视为是所有学习的模式。尽管如此，这种区分不应被理解为试图建立二分法。正如在前面学习提高打高尔夫球水平的例子中所强调的那样，工具性学习发生在交往性学习的背景下，大多数学习涉及工具性和交往性两个方面。

五、隐喻学习

正如假设是工具性学习的推理工具一样，隐喻也是交往性学习的工具。我们通过先前经验面对未知；从部分见解开始来指导自己收集额外数据的方式；比较事件、关键概念或单词，并将它们与我们的意义图式联系起来。理解通常源于合适的隐喻从而将经验类比地融入我们的意义图式、理论、信念体系或自我概念中。

通过隐喻学习，超越了简单地识别相似性，它可能涉及所有的相似之处和相关含义。隐喻通常基于感知体验和已知事物之间的关联。例如，在感知一项任务花费的时间和劳动量之间的相关性时，我们能够把时间和劳动比喻为资源，并看到它们之间的相似之处。这样，相似性就产生了。另一种类型的关联可借"生活是一场赌博游戏"这一比喻来说明，在这种比喻中，生活中的行为被体验为有输赢机会的赌博（莱考夫 & 约翰逊，1980）。

当然，与已知事件或对象相关的隐喻选择性地关注某些属性，而忽略或模糊其他属性。当我们说"乔治很古怪"时，把一种无形的、难以捉摸的心理倾向比作一个固体、一片雪花，从而创造出相似性。我们关注雪花的某些属性，如易碎性、重量轻和运动无方向性，而忽略了其他属性，如美丽和结构复杂性。

意义图式和视角决定了隐喻的选择和构成。莱科夫和约翰逊指出："如果没有一些更大的格式塔来划定自然维度（如目的、阶段等）的正常范围，一个句子实际上永远不会用自己的术语来理解。无论哪种格式塔被唤起，我们所理解的比直接呈现在句子中的要多得多。每一个这样的格式塔都提供了一个根据我们文化的经验范畴来理解句子的背景。"许多概念如理解、争论、想法、爱、幸福、健康和道德，只能用隐喻来描述。

唐纳德·绍恩（1979）指出了理解隐喻的两种传统。一种传统将他们视为一种需要克服的语言异常现象，以便制定一般的指称或意义理论。然而，绍恩写道，还有另一种传统，"这种传统将隐喻视为解释我们对世界看法的核心：我们如何看待事物、理解现实以及以后试图解决的问题。在第二种意义上，'隐喻'既指某种结果——一种视角或框架、一种看待事物的方式，也指某种过程——一种新的世界观由此产生的过程。"绍恩称这一过程产生的隐喻为"生成性隐喻"，仅作为将某物视为另一种事物的特定方式，"将框架或视角从一个经验领域转移到另一个领域时才有意义"。

唐纳德·绍恩一个生成性隐喻的例子涉及一群产品开发研究人员，他们试图改进一种新的合成刷毛画笔却无法做到这一点，直到有人观察到"画笔是一种泵！"这个比喻产生是由于大家注意到当刷毛被压向一个表面时，颜料被迫穿过画笔刷毛之间。最初的隐喻洞察力使研究者们利用他们所有关于泵和泵送的知识，并将其应用到绘画情境中，从而使得对绘画和泵的最初认知发生质变。例如，看到颜料流过刷毛之间，他们可以尝试用改变刷毛的方法来压缩刷毛间的密度从而影响液体通过刷毛的泵送。值得注意的是，这个过程并不是从研究人员注意到画笔和泵之间的具体相似之处开始的。他们开始时只有相似的概念或感觉，画笔和泵之间的类比只有在对两者的感知都被重构后才能形成，这样它们的元素和关系才能被分析。后来，研究人员才能构建一个具有其他应用程序的通用模型。

因为我们交流的内容和在他人交流的内容中所理解的很多都是通过隐喻来解释的，所以我们必须意识到并能够批判隐性的生成性隐喻。这种批判意识将提高我们分析问题的有效性，允许我们检验类比，包括可能错误或有限的类比，并将其意义归为经验。

六、面对未知

因为交往性学习涉及接触他人的想法，所以经常需要我们去面对未知。当我们面对未知时——也就是说，当经验的属性不符合期望或需要进一步区分时——我们的反思可能会创造新的意义图式或期望习惯来整合这些属性。随着时间的推移，当我们开始发现这种理解在其他经验、理论、文学或美学语境中的重要性时，有限的初始理解可能会通过隐喻思维而质变。每个数据都是理解的基石，并通过发现辩证共生关系中的其他基石而得到澄清和扩展。我们不断地在寻求理解的部分和整体之间来回移动。最初的期望及其修正，即先入为主的和确认的概念之间以及意义图式和经验之间的辩证运动，体现在汉斯－格奥尔格·加达默的"解释学循环"概念中，它也可以指整体和部分之间以及过去和现在之间的中介（沃尔夫，1975）。

交往领域的学习过程包括解释结构的识别和验证。当我们在新的背景下通过探索其他看似有效的经验时，概念就变成了结构，就像理论抽样指导基础理论研究一样（格拉泽和施特劳斯，1967）。在理论抽样中，人们会选择最有助于理解归纳得出共性和差异模式的研究案例。

想象力对于理解未知不可或缺。我们越能想象不同的观察和解释方式，对他人的观点就越具有反思性和开放，对理解替代语境的想象就会越丰富。直觉也能在识别陌生经验中发挥重要作用。直觉指的是在不经过有意分析的情况下，对经验的意思或意义的直接认知。在第一章中，我们将直觉确定为表象解释和命题解释之间的主要联系。当我们遇到未知事物时，直觉可以指引我们，为溯因思维提供隐喻类比和方向。它也是一种可以在解决问题或反思过程中提供洞察力的资源。当我们刚刚入睡或醒来时，似乎特别容易接受直觉。

巴勒－斯坦（1987）为我们提供了一种现象学分析，将学习视为体验陌生事物的过程。她描绘了这个过程的五阶段模型。

第一个阶段是觉察。觉察是一个反思性的停顿，在此期间为继续理解一个物体或事件而做出决定。这一阶段虽然涉及对当前或回顾性兴趣的认识但不涉及解释。它包含了对了解更多事物的渴望和激励自我去理解的信念。这个阶段的主要疑问是："这是什么？"第二个阶段是观察。

这包括深入观察这种现象，并意识到自己的兴趣。这里的主要问题是"这和我所知道的相比如何？"第三个阶段是行动，即从不同的意义视角看待和判断它们。最主要的问题是"我可以试试吗？"第四阶段是面对。面对陌生事物并认识到它是未知且不会产生意义。面对这种发展困境，我们要么放弃对抗，撤退到自己的认知范围或者舒适和熟悉的环境中，要么就进入最后的第五阶段——参与。对抗的主要问题是"我知道这个吗？我想知道吗？""参与"指的是反思、验证、判断。这是未知被纳入我们的意义框架的阶段。在犹太传统中，巴勒－斯坦体系中的这种思维模式被称为 Sh'ma（源自于 shema）。它包括四重主题：听见/倾听和反思/注意（占有）。参与阶段的主要问题是"这是怎么发生的？""有什么可能性？""这有意义吗？"和"对我来说相关的意义是什么？"

巴勒－斯坦注意到一个重要的反常现象，即"参与悖论"：参与越深，被占用和被认为是理所当然的就越多；"你对某事了解得越多，你就越觉得不了解它"。埃伦·兰格（1989）也同样观察到，假设的知识意味着无意识。

七、隐喻－溯因逻辑式问题解决

交往性学习的逻辑是隐喻－溯因，这不同于工具性学习的假设—演绎逻辑。它是从具体到抽象，而不是从抽象到具体。在交流中，我们试图通过溯因的方式理解他人的意思，也就是说，通过利用我们的经验来解释他人的经验。溯因解释了可能是什么，演绎解释了一定是什么，归纳解释了什么是实际有效的（Hanson，1981）。

在解决交往领域的问题时，我们首先在已知的事物即在当前意义图式中被解释的事物和新的经验之间建立隐喻关联。根据我们已知的事物开启解决问题的第一步；在溯因中，每一步都暗示着下一步。我们由期望习惯（意义图式）形成对整体的初始印象来理解部分，这种对整体的解释随着对部分深入的分析而被修改或修正。我们对各部分的详细认知可以在没有冲突的情况下被整合（解释学循环），最终朝着对整体的解释目标前进。我们在这种数据开发过程中测试感知；知道得越多，在完全不同的情境中应用任意的先入为主的观念就越不可行。

这种试图理解"解决问题"的过程需要对不同的视角持开放态度，以便学习者在解释活动的过程中进行反思或批判性反思。学习者必须从一个不同于先前的概念框架或意义图式（某经验在其中被理解为有意义）中来看待某经验。在这种情况下，意义通过创造新意义图式或修改旧意义图式来实现。麦肯锡（1973）将这一过程比作："正如译者必须找到一种习惯用法，可以说，这种习惯用法既保留了母语的纯正，同时又尊重其文本的外来性，因此译者也必须以这样一种方式概念化翻译材料，即在保留其外来性的同时，仍使其与自己文化的概念和信念产生可理解的关系"。

八、交往领域的研究

实证分析科学的方法不适合研究交往领域的学习。这种研究需要系统的探究以寻求对意义的理解，而不是对因果关系的描述。哈贝马斯说，"历史诠释学"科学与理解交流的任务最为相关。解释学是阐释和解释的科学。它源于神学分支，通过文本分析定义了确定经文意义的规律。历史诠释学学科包括描述性社会科学、历史、美学、法律、人种学、文学和其他解释交流经验意义的研究。

哈贝马斯将历史诠释学的方法与实证分析科学（所谓的硬科学，如物理学和生物学）的方法进行了比较：

在历史诠释学中，命题有效性的意义不是在技术控制的参照框架中构成的。理论不是演绎构造的，经验也不是根据操作的成功来组织的。要想理解事实，必须通过理解意义而不是观察。在实证分析科学中对类似法则假设的验证在文本解释中也有其对应之处。因此，诠释学的规则

决定了文化科学中陈述有效性的可能含义。（1971）

历史诠释学学科与实证分析科学的不同之处在于研究的内容、方法以及评估不同解释的标准。此类学科研究的一个例子是作者对重返大学计划中女性视角质变的扎根理论研究（麦基罗，1975），在该研究中，我们使用诠释学的方法试图理解视角质变过程中的共同模式，这被认为是一个从访谈记录中普遍存在的学习过程。

第五节　解放性学习：反思维度

除了技术和实践之外，哈贝马斯认为解放是人类产生知识的第三个兴趣领域，对解放的兴趣促使我们通过反思来识别和挑战扭曲的意义视角。感兴趣的知识产生的自我反思，包括对历史和传记表达自我的方式感兴趣，对学习的假设以及对知识的本质和用途感兴趣，对角色和社会期望以及影响被压抑的情感感兴趣。解放性知识是通过批判性自我反思获得的知识，不同于对客观世界的"技术"兴趣或对社会关系的"实践"兴趣中获得的知识。批判性自我反思中的探究形式是评价性的，而不是规定性的或指示性的。

解放性学习中的解放从性欲、语言、认知、制度或环境力量中解放出来。虽然这些力量限制了我们的选择和对生活的理性控制，但被认为是理所当然的或超出人类控制的。这些力量包括先前学习中的误解、意识形态和心理扭曲，它们产生或延续未经检验的依赖关系。尽管哈贝马斯的解放兴趣集中在批判性的自我反思上，但批判性反思显然构成了在对环境、他人以及自己学习验证过程中不可或缺的要素，即在工具性学习和交往性学习中。

当自我反思具有批判性时，它涉及对那些毫无疑问被接受的预设的探索性观点，这些预设支撑着我们的恐惧、抑制和互动模式，比如我们对拒绝的反应，以及它们在我们的关系中的后果。通过自我反思性学习获得的知识可能是扭曲的，所有关于自身的学习不一定都是反思性的（见第四章）。我们对自己的大部分了解并没有被无意识地纳入关于我们角色的稳定性、内在禁忌或思维、感知和反应模式的假设中。

实证检验不能用来验证关于我们感觉断言的真实性，但通过与最了解我们的人之间的对话，这些断言会得到（或不）一致验证。反过来，我们会验证或质疑他人关于自己感受的断言，例如，我们可能认为一个人对爱情的表白是不真诚的，另一个人倾向于夸大其词或长期抱怨，还有一个人的感情表达是出于私利等等。因此，自我认知显然是交往性学习的一个功能——他人如何理解我们——但它也是通过工具性学习获得的关于我们表现能力反馈的重要方面。

所有的批判性反思都是评价性的，而不是规定性或指示性的。解放性学习往往具有质变性。在解放性学习中，学习者用另一种方式展示了解释感觉和行为模式即旧的意义图式或视角被否定、被取代、抑或者被重组以纳入新的见解。在解放性学习中，我们更全面地看待现实，更清楚地理解它，更好地整合经验。当我们意识到心理和文化假设创造或促成了对外界力量的依赖，而这种依赖是不可改变的，个人和社会的戏剧性变化就成为可能。哈贝马斯遵循黑格尔和马克思的观点，拒绝了在特定的情况下，质变的意识可以自动地导致可预测的行动形式。一个人无法通过灌输获得解放。然而，学会更充分地了解个人的历史和传记背景，有助于在特定情况下决定如何界定问题和在最合适的行动方针时培养自主性和责任感。

当哈贝马斯指出批判社会理论是最适合研究解放兴趣相关材料的系统探究过程时，我认为他指的是对文化的批判性反思，或者更具体地说，是对交往性学习领域中的意识形态假设的批判性反思。作为一门批判性科学，精神分析疗法与自我反思性学习有着最明显的关联，研究我们如何挑战那些影响成年后互动模式的在童年被压抑的心理假设。在第七章中，我们将探讨系统研究反思性学习的其他方法。

　　重要的是要强调，工具性和交流性维度都涉及学习世界、他人和我们自己的大多数行为中。成人学习不能仅仅从行为变化的角度来理解、促进或研究。大多数成人学习是多维的，包括学习控制环境、在与他人交流时理解意义以及理解自己，也经常涉及批判性反思。这表明，任何对成人学习或成人学习收益的分析都必须同时涉及工具性学习和交流性学习，包括对自我的了解以及批判性反思在这两个领域的性质、程度和影响。

第六节　成人学习的本质

　　既然我们更清楚地理解了不同类型学习的动力以及反思在转变既定意义图式和视角中的作用，我们就能确定学习的形式和层次。格雷戈里·贝特森、爱德华·塞尔和质变理论以不同的方式描述了这些形式和层次。

一、格雷戈里·贝特森的学习理论

　　格雷戈里·贝特森（1972）关于学习的观点与理解意义视角是如何质变的息息相关。贝特森的学习理论主要依赖于环境的变化，而不仅仅是数据的获取。他的认识论基于这样一种信念，每个人都创造了自己的世界，通过自己的预设、前提和期望来看待现实。这些构成了学习的环境。虽然我们使自己乐于接受有些解释，但会排斥不舒服的其他解释，并且常常不会意识到自己的看法是片面的。贝特森强调了不可避免的偏见、狭隘观念的重要性。贝特森写道："对我来说，道德问题是我坚持教条主义的前提。诚然，许多前提在文化上是相对的。我认为，有些是错误的和病态的。唉，文化可以培养这最后一种前提！"（May, 1976）。

　　由于受到把自己与他人的观点和现实分开的狭隘和教条主义的影

响，我们需要参与某种形式的共识验证。在预见了哈贝马斯的交往研究中，贝特森特别关注有效性依赖于信念的交往，如伦理学或美学原则的观点。交往和它发生的关系——家庭、工作和社区的关系——构成了理解人类的情境。在这些关系中，形式、模式和秩序是固有的。贝特森认为，感觉器官只能接收有差异的信息，所以只有当现象与其他事物不同时，才能被感知。

根据贝特森的说法，学习分为四类。"零学习"涉及扩展先前存在的习惯性反应（意义图式）以掩盖其他事实。在零学习中既不可能出错也不可能有创造力。第一类学习包括了解自己的习惯性反应。在这个阶段，意义图式或视角不会改变，我们仍然在既定的意义图式中学习。第一类学习包括深思熟虑的行动而不是反思。（有关两者之间差异的说明，请参见第四章）

第二类学习涉及学习情境（意义图式）。它是"第一类学习过程中的一种变化，例如，从一系列学习情境中做出选择的纠正性变化，或者是经验序列被打断的变化"。通过文化同化或文化融合学习是第二类学习的一部分，其中还包括习得的性格特征。在这个阶段，我们学习的前提可能会改变，尽管没有意识到这些变化，但还是会学习如何以不同的方式学习。当感知到的意义情境发生变化时，我们习得的"事实"也会呈现出新的意义。第二类学习可能被解释为包含内容或过程反思，即改变意义图式的过程（见第四章）。

第三类学习涉及在宗教皈依、禅宗体验和心理治疗中发生的那种质变。这些是视角的质变，通过它们可以意识到我们看待世界的整个方式建立在问题的前提之上。贝特森写道："第三类学习是第二类学习过程中的一个变化。"这种关于"语境"的学习隐含着学习涉及以我们的期望习惯所形成的整个假设参照框架的改变。

贝特森描述了六个可以被称为第三类学习的变化：

1. 个人可以更容易地学习形成这些习惯，我们称之为第二类学习。

2. 他可能会学习为自己填补"漏洞"，这样就可以改变通过第二类学习所获得的习惯。

3. 他可能会学着改变通过第二类学习所获得的习惯。

4. 他可能会认识到自己是一个能够并且确实无意识地实现第二类学习的人。

5. 他可能会学习限制或指导他的第二类学习。

6. 如果第二类学习是一种对第一类学习情境的学习，那么第三类学习应该是学习情境中的情境。

二、爱德华·塞尔的学习理论

爱德华·塞尔（1984）也将学习解释为四个不同层次的变化，这些变化可以单独发生，也可以组合发生。他称这些层次为反应学习、情境学习、跨情境学习和超验学习。

在反应学习中，我们改变了准备反应的方式，要么在储备中加入新反应，要么用新反应代替旧反应。这种学习大多数是通过反复试验进行的，包括条件反应和死记硬背。

情境学习涉及改变我们解释情境的方式。对塞尔来说，解释包括给情境中的事物赋予价值，并判断事物在情境中如何工作。正是通过情境学习，我们创造了可替代的情境。情境学习可能包括对情境积极的重新解释或者是一种反思性的重新解释，通过这种重新解释，行动转变为批判性地审视情境。塞尔坚持认为，只有将解释融入行为时，我们才会采用它。通过把情境分成一系列事件或子情境来解释，并学习对每个子情境的反应，这些子情境将有益于或达成我们期望的结果。通过这样做，我们可以以有意义的方式组织经验，并在这种解释的情境中通过操作性条件作用来学习。

跨情境学习是指学习如何改变对情境的理解。这包括解释我们的解释行为和反思我们的反思能力。

发展修改概念或创造新的概念来解释个人的能力情境就是塞尔所说的超验学习。超验学习成果的例子包括牛顿、弗洛伊德、马克思、斯金纳和马斯洛的理论，这些创造性贡献为解释特定情况提供了新工具。

塞尔的分析有效地扩展了第一章中关于学习和反思的讨论。然而，读者应该注意到，质变理论假设解释涉及所有的学习，包括反应学习。得知火焰会灼伤手指被认为是一种预反射形式的解释。正如波普尔在他对刺激反应心理学的批判中指出的那样，"刺激总是由个体解释的刺激，重复是个体观点的重复"（伯克森、韦特斯滕，1984）。

三、质变理论

贝特森对质变学习的开创性分析以及塞尔将反思性学习区分为跨情境和超验范畴，对成人学习质变理论的发展做出了宝贵贡献。后一种理论确定了成人学习可能发生的四种不同形式。

首先是通过意义图式学习——也就是说，学习进一步区分和阐述被认为理所当然的先前获得的意义图式，或者在所要求的参照框架的结构中学习。例如，在工具领域中，如果我们想提高驱动力，就必须在挥杆时保持头脑冷静。在交往领域中，诚实既可以指自我揭露，也可以指遵守准则。在自我反省的情况下，我们掌握了对歧义的容忍度。

这种学习形式包括对通过预先存在的已知意义类别接收的信息的习惯性和刻板反应，这被恰当地描述为"配方式学习"或死记硬背，即一种行为成为另一种行为的刺激。 在一个意义图式中唯一改变的是特定反应。

学习可以采取的第二种形式是学习新的意义图式——即创造新意义，这些新意义与现有意义视角足够一致和兼容，通过扩展其范围来补充它们。例如，在工具领域中，我们学习如何进行测试；在交往领域中，我们学习如何扮演新的角色；在自我反省中，我们学会用一种新的描述方式来看待自己，比如内向或外向。

在这种形式的学习中，即使我们的意义视角被扩展，也没有从根本上改变。主流观点得到强化而不是否定，因为新意义图式使理解新经验领域成为可能，从而解决了旧信念体系中的不一致或异常。在社会化的过程中，新的意义图式可能会有意或无意地被同化。在这种形式的学习中，与他人的认同通常起着重要的作用。

第三种学习形式是通过意义图式的质变来学习。这种学习涉及对假设的反思。我们会发现特定的观点或信念变得越异常，就会越意识到看待和理解意义旧方式的不足之处。例如，一名在当地一所大学参加傍晚课程的女性，觉得有义务赶回家为丈夫准备晚餐，但当她遇到觉得不需要履行这一刻板陈规的性别角色的其他女性时，她可能会质疑产生这种强制意识的意义图式。通常，源自相同刻板角色的其他意义图式也会在同一时间发生类似的质变。这种质变意义图式的增加可以导致意义视角的质变。

通过视角质变的学习是学习可能采取的第四种形式——通过反思和批判，意识到扭曲或不完整的意义视角所基于的特定预设，然后通过意义重新来转换该视角。这是最重要的一种解放学习。它始于我们遇到的经验，通常在情绪激动的情况下这些经验不符合期望。因此对我们来说没有意义或者是一种异常现象，无论是通过在现有图式中学习还是通过学习新图式都无法提供连贯性。只有通过对问题的重新定义才能有所启发。反过来，重新定义是通过批判性地重新评估那些支持所讨论的当前意义图式的假设来实现。这种划时代的质变通常与生活危机有关，它促使我们重新定义旧的理解方式。第四章讨论了支撑先前学习的前提和其他假设的评估方式。

四、学习即问题解决

问题解决是质变理论中描述的所有四种学习形式的核心。图 3-2 按照学习者的行动顺序详细描述了问题解决过程。这个过程从一个可疑或有问题的意义图式（外部区域）开始,然后转移到扫描、探索、分析、记忆、直觉、想象。扫描反过来导致命题解释、富有想象的洞察力,并做出新的解释。当我们记住这种解释并把它作为后续决策或行动的指南时,就意味着我们理解了解释。这种解释可能会导致原始意义图式的反思性改变,即对其进行阐述、补充或质变。当新解释成功挑战了完整的意义视角时,就可以导致视角的质变。问题解决的每一个阶段都受到意义视角的影响。

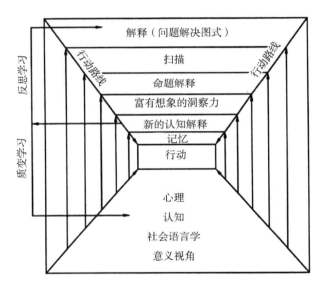

图 3-2　问题解决

总　结

本章提出了一种嵌入在哈贝马斯交往能力理论中,更广泛文化背景下的成人学习理论。它强调了哈贝马斯对有意学习的两个主要领域——工具性学习和交往性学习——的区分。它还讨论了一个过程或维度,即影响两者的解放性学习或反思性学习。这两个学习领域在许多重要方面彼此不同。应该强调的是，成人学习涉及这两个领域。

本章涵盖的其他要点包括：

1.当一个有特定目标的人与另一个人交流时，交流行动是为了理解共同经验的意义，从而使他们在追求各自目标的过程中协调各自的行动，交往行为就会发生。达成理解是交往行为的内在目的。

2.在交往活动中，有必要检验对话的有效性。理性是通过推理——使用理由、权衡证据和支持论点——而不是诉诸权威、传统或蛮力来进行效度测试的。

3.交往能力是有意义学习和发展的必要条件，它包括个体协商意义和目的的能力，而不是被动地接受他人定义的社会现实，换句话说，就是参与理性的交往行为。

4.交往行为中涉及的三种动力是生活世界（毋庸置疑的日常社会活动世界）、学习和社会互动。

5.人类学习可以根据兴趣分为两个相互作用的领域:工具性学习（与操纵部分环境有关）和交往性学习（与理解和被他人理解有关）。反思包括检验任一领域的假设和前提。每个领域都有自己的目的、解决问题的方法、逻辑和验证观点的方式。

6.工具领域的问题解决或学习是通过假设演绎逻辑完成的。也就是说，我们通过制定假设的行动过程来应对不确定的情况，预测每个行动的后果，根据最合理的假设采取行动，并通过我们行动的结果来检验其有效性。

7.交往领域的问题解决或学习包括通过共识断言的效度检验。达成共识是一个持续的过程，每个共识都是一个临时判断，对新的证据和论据以及新的理解范式开放。

8.当我们知道观点真实的条件时，观点的意义就可以理解了。因此，效度检验对于建立意义变得至关重要。为检查在参与者的生活中断言被发现为真实或有效的各种条件,讨论的机会越广泛,断言的意义就越可靠。

9. 理性对话的理想条件通过验证交往性学习领域中有问题的断言，为有效的成人学习和教育提供了基本标准。

10. 在交往性学习和问题解决中，我们通过隐喻而不是假设进行推理。所涉及的逻辑被称为隐喻 – 溯因逻辑。这种类型的逻辑通过将未知事物与我们以前经验的各个方面进行比较，从而帮助理解未知事物。

11. 解放性学习是从限制我们选择和控制我们生活的性欲、语言、认知、制度和环境的力量中解放出来的。通过审视自己的假设来实现这种解放。解放、反思性学习体现在工具性学习和交往性学习中，但对后者有更广泛的影响。

12. 成人学习可以采取以下四种形式中的任何一种：通过现有的意义图式学习、学习新的意义图式、通过意义图式的质变学习以及通过意义视角的质变学习。

第四章

创造意义：通过反思

艺术评论家何瑟·丹托（1990）认为，现代化的决定性因素是意识到我们生活在历史中，而不是回顾过去历史——简而言之，正如他所说，意识到我们生活在沃霍尔时代。我们认识到对现实的感知是如何被文化和先前的环境所塑造的，而不是被非亲身经验的历史的描述理解所塑造。个人和集体意识受到历史和传记对创造和验证意义方式的影响，也预示了我们文化中反思时代的出现。哈贝马斯的现代性观点（在第三章中描述过）预见到，反思作为一种越来越有影响力的经验理解模式的出现，是对既有权威结构的削弱，这就要求在学习中采用新的自我导向。

反思是通过理性的对话进行有意学习、问题解决和效度测试的核心动力。有意学习主要包括解释经验意义，重新解释该意义，或者是将其应用于深思熟虑的行动中。大多数关于学习的理论成果和研究都集中在问题解决以及感知、识别、回忆和记忆等过程中的作用。而反思的作用，尤其是反思在验证所学知识方面发挥的关键作用被严重忽视，这种作用使启蒙行动和重新解释成为可能。

对反思重视不够的一个原因可能是这一概念在心理学理论和普遍用法中不够清晰。"反思"通常被学习理论家用作深思熟虑的行动的同义词。然而，正如第一章所解释的和本章将回顾的那样，质变理论认为深思熟虑的行动不一定意味着反思。

在洛克的《人类理解论》中，他认为思维是感知和反思的产物，但对他来说，反思是对自己思考和写作过程的简单认识。当一个人"意识到自己在思考"时，他就在反思。洛克将反思描述为具有认知和意动两个维度："（它）是我们内心对思维运作的感知，因为它被用于它所获得的思想；这些运作是感知、思考、怀疑、相信、推理、认知、意愿，以及我们头脑中所有不同的行为；这是我们意识到的，也是我们自己观察的，从这些接收到我们的理解中作为不同的观念，正如我们从影响我们感官的身体中所做的那样。"（Klein，1984）

约翰·杜威对反思进行了开创性分析。本章以他的概念为基础，对反思在质变学习和解决问题过程中的性质和功能进行定义、分析和解释。本章还回顾了其他学习理论家和社会科学家对待反思概念的方式。

第一节　杜威式反思

当在学习或教育情境中讨论这个话题时，杜威对反思的定义被引用得最多。杜威将反思性思维定义为个体对于任何信念或假设性的知识，按照其所依据的理由和进一步导出的结论，所进行的主动，持续和周密的思考（1933）。"理由"是指可以确定信念的可靠性和价值以证明其被接受的证据。杜威的"反思"就是质变理论所说的有效性检验。Boud、Keough 和 Walker（1985）将杜威的定义扩展到包括关注一个人的情感和信念。对于反思的意动、情感和认知内容，即使不是明确的，也有零星的认知，质变理论通过认识行动路线和直觉在学习过程中的作用来证实这一点。显然，并不是每一个内省行为（意识到想法或感觉）都是反思性的。为了理解如何促进成人学习，教育者将通过把反思的概念限制在杜威的定义中来获得洞察力：反思意味着效度测试。

杜威在理性解决问题的情境中论述反思，"提前思考不同行动方式和路线的结果，使我们在行动时知道自己在做什么"。我们在问题解决的每个阶段会有意识地、连贯地、有目的地将想法应用到决策制定和实施中，反思就包括对应用想法的方式进行回顾。这个过程遵循假设演绎模型，正如我们已经看到的，这是工具学习不可或缺的组成部分：问题的识别和表述、证据推理、假设的发展、假设的检验以及基于研究反馈的重新表述。杜威称这种反思过程为"批判性探究"。尽管杜威定义的反思以将结果表述为结论而告终，但它也涉及对支持结论（"有根据的"或"有保证的"断言）的证据的审查。这一审查过程形成断言所依据的前提。

尽管杜威将反思性思维理解为检验假设和验证断言的过程，但他并没有明确区分反思对问题内容或对问题解决过程的作用。也就是说，他从反思有功能出发，批判性地审视了与问题解决策略和过程相关的假设的基础，这种功能涉及对前提的批判（前提假设是一个预先存在的条件，后续推理依赖于此）。他也没有系统地考察期望习惯（意义视角）如何影响反思性思维，比如在问题提出时，或者反思性思维可能会如何影响它们，比如在意识增进或者心理治疗中。

然而，在《我们如何思维》一书中，杜威确实指出，两个人进行明智交流的能力之所以成为可能，是因为共同的经验提供了相互理解的背景，他们能够在此基础上表达各自的观点。"然而，如果这两个人发现相互误解时，那么就有必要挖掘和比较他们各自说话的前提假设和隐含的情境，隐性的变成显性的，无意识的假设暴露在有意识的光芒下"（1933）。杜威还写了一些未经验证的假设，这些假设产生了公立学校课程。此外，在《公众及其问题》中，他描述了一种"社会病态"，这种病态削弱了对社会制度和条件的有效探究，对过去理想化，美化了事物的本来面目，恐吓了反对者，并"以微妙和无意识的普遍性"扼杀了思想（Greene，1986）。

杜威一贯认为，批判性探究和反思性思维的过程需要一种意识，即解决方案不确定时，问题就会存在。他把对问题情境的意识称为批判性探究的"前反思"阶段。质变理论认为，将反思应用于这种意识的前反思阶段，我们称之为前提反思的过程——对先前学习的预设及其后果的审视是意义和价值实现的核心，也是成年后意义视角的重大质变的核心。通过反思，我们理解了解释日常生活经验的习惯方式，以便理性地重新评估由先前毫无疑问的意义图式或视角所做出的隐含的有效性观点。这种反思维度在其他当代学习理论中是缺失的。

第二节　成人学习理论中的反思

继杜威之后，较为流行的反思性思维的观点将反思局限于对数据的解释、对事实和原则的应用以及逻辑推理（Knowles，1975）。Gagne（1972）对学习类型的描述将高阶函数局限于相似物体和事件的类别识别、原理应用和问题解决。Knox（1977）参考了1000多项成人发展与学习的研究，发现只有一项研究提到批判性思维，把它描述为"解释数据、评价证据和进行演绎思维的能力"。Knox和Long最近（1983）对成人学习的评论都没有提及反思的过程。Halpern（1984）关于批判性思维的著作也没有提到反思，只是将批判性思维定义为"有目的、有目标导向的思维"。

Kolb的经验学习理论（1984）将"反思性观察"和"主动实验"对立起来，认为它们是辩证对立的，尽管他将反思性观察作为其学习理论的核心，但他并没有提出两极区分的理由。他对反思意义的讨论仅限于：

反思性观察的取向侧重于通过仔细观察和公正描述来理解概念和情境的含义。它强调理解而不是实际应用，关注什么是真实的或者事情如何发生，而不是如何影响的，强调反思而不是行动。

哲学家爱德华·塞尔（1984）和Peter Jarvis（1987）的著作相比漠视反思的学习理论家们来说是例外。Jarvis的想法与质变理论不太相关，但塞尔阐述了非常兼容的概念。塞尔对主动和反思进行了重新解释。塞尔解释说，主动的重新解释是对我们处境变化的自发反应。塞尔的"主动重新解释"指通过反思进行深思熟虑的学习。在这一阶段，我们可能会得出一种解释，即在潜意识中逐渐形成"我们是有意识的"或"我们可能只意识到开始以不同的方式看待事物"。相比之下，塞尔所称的反思性重新解释将我们从行动中跳出来，以便能够更批判性地看待正在发生的事情。质变理论将其称为追溯性反思：

塞尔写道，这两种形式的重新解释之间的主要区别在于我们纠正推理中的扭曲和态度上的狭隘的能力。当我们与他人交流时，我们的思维通常是创造性的，但往往体现出我们的偏见、地方主义和合理化。当反思交流时，我们能够更好地利用在克服这种认知扭曲时所获得的纪律和技能。

第三节　反思的三种形式

反思是批判性地评估我们努力解释和赋予经验意义的内容、过程或前提的过程。因为我们的大部分学习都是以问题解决的形式进行，所以杜威在假设 – 演绎问题解决的情境下处理反思是很自然的，自然科学也成功地遵循了这种逻辑。他是正确的，我们会反思一个问题的内容或描述，然而我们也反思解决问题的策略和程序，有时是在采取行动的过程中，有时是在行动之后来检查我们所做的决定。这就是当我们"停下来思考"所做的或已做的事情时我们所做的。此外，当我们试图解决一个问题时，我们会反思以找到目前所经历的和先前学习之间的异同，确定原则，进行归纳，确定数据模式，选择合适的方式来表达我们的概念，创造隐喻来扩展给定数据之外的意义，并决定下一步解决问题的方法。

例如，如果问题是要确定 Joe 说的年龄是否真实，对内容的反思可能会把我们的注意力集中在物理线索上，比如 Joe 的头发颜色、脸上的皱纹或者完成学业的年份。对过程的反思可能会引导我们评估在寻找相关和可靠的线索方面所做的努力是否充分，以改善在未来解决类似问题时的表现。对问题前提的反思可能会让我们质疑这个问题的价值和功能相关性：我们为什么要关心乔的年龄？我们可能会得出这样的结论：如果乔身体健康、学习活跃且富有成果，那么他的年龄对我们来说并不重要。如果问题与交往领域相关，而不是工具学习领域，对前提的反思可能涉及对我们认为理所当然的规范、角色、准则、常识、意识形态、语言游戏、范式、哲学或理论的有效性评估。视问题的性质而定，我们也可能会反思认知或心理预设。

反思包括对问题解决的内容或过程的假设的批判。前提是假设的特例。对前提或预设的批判属于问题提出，不同于问题解决。提出问题包括对理所当然的情境指出问题，从而引发对其有效性的质疑。正如Brookfield（1986，1987）、Marsick（1987）和其他人（包括我自己）的著作所指出的那样，所有反思都具有内在的批判性，而术语"批判性反思"经常被用作前提反思的同义词，因为它与对于问题解决的内容或过程有关的假设的反思不同。

对问题解决的内容、过程和前提的反思不仅限于促进与假设演绎问题解决相关的学习，这也是我们学习隐喻－溯因问题解决的方式。如果我们要促进学习，就必须区分这三种类型的反思和解决问题时使用的两种逻辑形式，以便为每一种类型设计适当的教育干预。

第四节　非反思和反思行为

我们可以使用更高级的认知功能，而无须有意识地关注和刻意检查先前学习的有效性。这种情况下所产生的行动是深思熟虑的，但不是反思性的，就像当我们识别一种关系模式、一种理论、命名对象或事件、做出判断、归纳或解释时一样。在反思中，我们回顾了问题解决的过程：归纳是否基于代表性样本，推论是否有根据，逻辑是否合理，对变量的控制是否恰当，对替代行为的预期结果是否包容，分析是否完全有辨别力，证据是否令人信服，行为是否符合我们的价值观？反思不仅仅是对我们的经历或对我们的觉知的简单意识；过程反思包括对我们如何感知、思考、判断、感受和行动的反思与批判；前提反思包括对这样做的原因的认识和批判。目前学术界对批判性思维本质的困惑，很大程度上是由于未能区分反思的三种功能，也未能区分反思和非反思行为。

一、非反思行为

在第一章中，我们确定了两种非反思行为。许多先前学习，最初包括刻意的努力、练习和对洞察力有效性的关注，比如学习打字、骑自行车或开车，现在变成了习惯性的行为，使我们在把注意力集中在其他地方时仍可自由行动。习惯性行为发生在焦点意识之外，波兰尼（1967）称之为隐性意识。第二种非反思性行为属于焦点意识。这是深思熟虑的行为，它涉及更高层次的认知过程来指导分析、执行、讨论和判断。

在深思熟虑的行动中，我们把注意力放在正在进行的行动上，但利用先前学习来记忆和做出推论、概括、类比、辨别、判断、分析和评估。虽然我们对哪些知识是相关的做出了默认判断，但是深思熟虑的行动只是对先前学习的选择性审视，而不是对其进行刻意评估或重新评估；我们并不关注信念的理由或正当性，而是简单地用信念来做出解释，就像在一项激烈的体育运动中决定下一步行动一样。认知不等于反思。在这种情况下，学习保持在预先存在的意义图式和视角中，并专注于计划下一步的一系列行动中。

内省指的是思考自我、想法或感觉。例如，自我感觉良好或者意识到我们有多享受一次我们的经历。内省不涉及对先前学习的效度测试，因此也非反思性的。

只有当我们在一系列行动的某一步骤中需要指导时，或者在理解新经验遇到困难时，我们才会求助于反思。反思可以被整合到工具性问题解决的主动过程中，并且可以成为深思熟虑的行动过程中不可或缺的一部分。我们评估所定义的选项，以便做出最合适的下一步行动（反思问题内容）。或者只有当行动受阻时反思才会发生，在这种情况下，它会成为对过程或前提的回顾性评估的一部分。有时只有碰到这种情况，我们才会检查先前学习，以确定为什么解决问题的策略或程序没有起到应有的作用。

　　一个例子可以阐明这些过程之间的差异。比如说，意识到对一个叫约翰的熟人产生负面情绪就是自省，它仅仅是意识到自己的感觉、感知、思考或行动。判定"约翰是坏的"是一个深思熟虑的行为，是基于证据或先前学习做出的判断。这包括内容反思——对我们感知、思考、感觉或行动的反思。过程反思是对我们如何执行感知、思考、感觉或行动功能的检查，以及对执行这些功能的效能的评估。例如，我们可能会问自己，我们是否误解了某些事，并将其作为判断"约翰是坏人"的证据。前提反思的行为使我们质疑"好与坏"是否是理解或判断约翰好坏的恰当概念。前提反思包括我们意识到为什么会如此感知、思考、感觉或行动，以及在判断约翰的过程中可能出现的草率判断、概念缺陷或错误的原因和后果。前提反思涉及"理论反思"的过程（Broughton，1977）。理论反思可能使我们对诸如认知、社会或心理预设持批判态度，例如我们将在下一章中研究的那些预设。

二、反思行为

　　反思行为是根据反思产生的见解做出决定或采取其他行动。反思行为的路径如图 4-1 所示。这个过程从提出问题开始，到采取行动结束。主要的子过程包括扫描、命题解释、反思、富有想象力的洞察，由此产生的解释可以导致意义图式的变化（质变），或者在前提反思（虚线）的情况下，导致意义视角的质变。随后我们记住相应的解释，以便指导行动。深思熟虑的反思行动表现为内容反思、过程反思或两者兼有。追溯型反思可能涉及前提反思以及内容和 / 或过程反思。这里的质变学习可能指的是内容和过程的反思，它可以导致意义图式发生质变（但并不总是如此；它也可能产生对图式的阐述、确认或创造），也可以产生前提反思，进而直接导致意义视角的质变。

　　我们的感知、思考、感觉和行动可以习惯性地或深思熟虑地进行，但无论在哪一种情况下，这些行为模式都会受到内容或过程中错误的显著影响，也会因先前学习中产生的不合理认知、社会或心理预设而被曲解。因此，我们的持续学习依赖于对所学的知识、学习方式，以及假设是否有根据的反思性回顾。

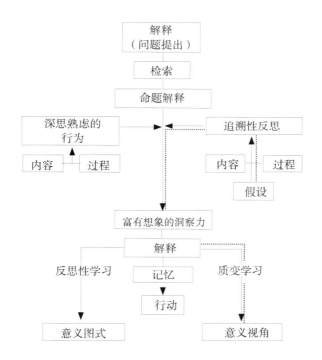

图 4-1　反思行为的过程

　　了解自己可以是深思熟虑而行动的结果，也可以是基于内容（以自我为对象）、过程或前提反思而行动的结果。通过深思熟虑的工具性行动，我们执行能力增强，从而增强自信心。我们可以通过反思行动了解个性的新维度，比如我们对歧义（一种新的意义图式）的有限容忍度。我们可以重新评估和否定以前未经检验的假设，这种假设与一种特定的（性别的、专断的、竞争性的等）行为后果有关，即在童年创伤遭遇中被父母禁止的、在意识中被压抑的，但在成年后由于焦虑和内疚而被强制实施的特定行为方式的后果。这是基于前提反思的批判性自我反思行为。

第五节　前提反思的重要性

我们有必要重新审视和挑战预设和前提，而不只是批判内容、过程策略与战略。但正是前提反思使视角质变成为可能。对先前学习的充分性批判和重新评估可能导致对它的否定，这是反思的标志。这就是为什么 Popper 认为否定是学习的关键动力。内容或过程反思可能是深思熟虑而行动的一个组成部分，但前提反思却不是。它一定会涉及一个中断，这一中断将重新定义问题，并由此带来操作的重定向。

前提反思涉及自身的逻辑——推理逻辑，一种我称之为"辩证 - 预设"的推理逻辑。辩证法是"通过形式（认知结构）的发展运动"（Basseches，1984；另见本书第五章）。预设逻辑存在于一些形式语义学的理论中。在这些理论中，如果不确定每个句子背后的相关预设，也不为这些预设赋予真值，就不能单独判断句子的真假。例如，要判断"夏威夷总统是保守派"这句话中的错误内容，我们必须认识到"夏威夷有总统"这一预设的错误。在 Collins 的推论分类学中，区分了基于知识的推论和基于"元知识"的推论，前者涉及归纳和演绎，后者取决于一个人对自己的知识了解多少（Graesser & Clark，1985）。预设逻辑在基于交流的学习理论中有不同的定义。Graesser 和 Clark 举了这个例子：

设发言者 S，预设 P，时间 T，

如果 T，发言者 S 相信或假设：

（a）P；

（b）对话的其他成员也相信或假设 P；

（c）其他成员认识到发言者 S 相信或假设（a）和（b）；

当我们意识到内容和过程反思是改变信念和意义图式的动力时，区分内容、过程和前提反思的重要性就变得明显了，也就是说，变得更强、更详细、更有创造性、被否定、被确认或被识别为问题（问题化）并产生质变。前提反思是我们的信念系统，也就是视角发生质变的动力。前提反思产生了更充分发展的意义视角，即更具包容性、辨别力、渗透性（开放性）以及经验的整合性意义视角。

反思性学习可以是确认性的，也可以是质变性的。当发现假设是扭曲的、不真实的或不合理的时，它就具有质变性。当反思聚焦于前提时，质变学习会产生新的或质变的意义图式，或意义视角，即视角质变 。虽然并非所有成人教育都涉及反思性或质变学习，但反思性和质变学习应该被视为成人教育的主要目标。

第六节　对反思的其他解释

一些心理学家已经把反思或与之密切相关的东西作为他们理论的重要部分。这些理论中使用的术语或多或少与质变理论所说的反思同义，包括元认知、行动中反思和正念。对这些术语所代表的概念的研究可以增加我们对反思的理解。

一、反思是一种元认知

提出"元认知"的心理学家其实指的是反思，但他们几乎没有明确提到前提反思。如前所述，他们的理论对反思的意动或情感维度没有表现出多少兴趣。这些作者认为，元认知是指对我们的"认知状态"及其运作的了解。它的功能是告知和调节认知程序与策略。例如，Borkowski 写道："成熟的问题解决者被认为是在解决问题时将元认知知识与策略行为（控制过程）相结合的人。"这种动态的交流不仅使学习者能够选择、修改和发明策略，而且通过的成功的问题解决扩大元认知内容（Yussen，1985）。

Borkowski 将计划性、自我监控和创造性与元认知联系起来，并将元认知理解为认知策略泛化的核心。他认为认知失败是因为在理解如何、何地、何时以及为什么使用认知策略方面存在不足。Bruner（1986）总结道："元认知活动（自我监控和自我纠错）的分布非常不均匀，因文化背景而异，最重要的是，它可以作为一种技能被成功教授。"

二、"行动中反思"

唐纳德·舍恩创造了"行动中反思"来描述他所研究的各种专业人士应对不确定性、不稳定性、独特性和价值冲突等情况的方式。他们产生的惊讶反应其实是在重新思考行动中隐含的认知过程。

例如，他们可能会问自己，"当我认出这个东西时，注意到了哪些特征？（过程反思）做出这个判断的标准是什么？（前提反思）当执行这项技能时，要执行什么程序？（过程反思）如何构建我试图解决的问题？"（前提反思）通常，对行动中知识的反思与对手头事物的反思是一致的（内容反思）。（Schon，1983）

舍恩对传统的"技术理性"模式提出了有说服力的反对论据，该模式认为智能实践是知识在工具性决策中的应用，并支持将实践视为反思行为。在某种情况下，在行动中反思的结果可以推广到其他领域，从而有利于实践者的示范主题的储备，他们也可借其产生新的改变。带有反思的行动通常意味着一种直观的内容反思，通过这种反思，我们可以获得一种"感觉"，并在采取行动时对其进行批判性地评估，就像即兴创作的爵士乐手一样。正如舍恩所说：

他们（音乐家）可以做到这一点，首先，因为他们在音乐发明上的共同利用了一个图式——所有参与者都熟悉的度量、旋律和和声的图式——这为乐曲提供了可预测的规律。此外，每一位音乐家都准备了一系列能在适当的时候演奏的音型。当音乐家们从彼此贡献中感受到音乐发展方向时，他们就会对音乐产生新的理解，并根据新理解来调整自己的演奏。

舍恩断言，隐性的"行动理论"或"框架"——我们称之为意义视角提供了一套支配行动的操作假设。这些行动中的理论是从大量相关的例子、模型或生成隐喻的集合中衍生出来的。行动理论提供了构建描述的语言和解释的主题，而不是提供预测或控制事件的规则。

专业人士以一种使专业知识呈现系统特征的方式来设定自身角色。舍恩写道："设置的问题、采用的策略、认为相关的事实以及个人行动理论都与个体塑造角色的方式有关。"在质变理论的语言中，职业角色框架构成了社会语言学的意义视角。我们构建问题的特有方式、行动理论也可以构成认知或心理的意义视角。

舍恩认为，问题解决变成了一个"框架实验"：实践者用框架来隐喻性地探索情境，以寻求解释，然后根据情境的反馈进行调整。考虑到努力将最初选择的框架与情况相适应的后果，专业人员提出了新的问题和新的目标。

因此，构建问题就变成了一种将新情境塑造成行动理论或意义视角的实验。手段和目的相互依存，并且涉及与一种情境的相互作用，即知和行不可分割。对情境相似性和差异性的感知先于对这种感知的表达。

三、反思是一种正念

心理学家埃伦·兰格（Yussen，1985）将习惯性行为称为"无念"，他将这一术语定义为对已经形成的类别和区别的习惯性依赖。她将"无念"与"正念"进行了对比，正念就是完全投入到区分和创造类别中。正念被描述为意识到的内容和多重视角。这就是质变理论所说的反思行动。基于无念的行为是僵化的且受规则支配的，而基于正念的行为是受规则引导的。尽管有许多心理学研究支持这样一种观点：人们经常试图减少认识活动，用最少的线索来引导行动，但正念其实并不费力，也不困难。

兰格收集了大量的实证研究证据来支持和阐述她的无念和正念概念（Langer，1989）。正念可能在多次重复特定经验后或仅在一次暴露后开始发挥作用，比如当情境触发了一系列过度学习的行为（比如我们在已经使用多年的打字机上复制熟悉的文本）。与处理熟悉的事物相比，人们在关注不熟悉和异常事物时，更有可能保持正念并有准确的感知。正念被描述为具有欢迎新信息、涉及多个观点、关注结果之前的过程、控制情境（意义视角）以及创造新类别的特点。

一个人对无念和正念之间的区别缺乏认识会导致阅读、写作和说话的困难和不准确，因为这会导致无念和正念的不当使用。正念有时是不适应的，例如，在交通繁忙情况下骑自行车时，不要关注骑自行车的技巧。我们也往往不会注意那些看起来无关紧要的由不具威胁性的权威人物给出的信息，或者一些我们事先不了解的主题。

在学习和教育中，无念与目标导向相关，而不是过程导向，Langer称之为"结果教育"——工具性学习——而不是关注创造性问题解决过程的学习导向。无念通常包括"早熟认知界定"，当我们遇到类似的新情况时，会坚持先前形成的思维定式。无念会导致对标签不加批判的接受、对外部权威的自我依赖、简单化的归因、自我形象的削弱和成长潜力的降低。

兰格将正念和无念与皮亚杰的同化概念区分开来，同化是外部世界适应我们对它的认知表征的认知发展过程，顺应是调整表征以适应外部世界的过程。她将无念和正念（或非反思和反思行为）解释为被动或主动参与经验的状态。它们是个体进行同化和顺应过程的方式。同化可能是无意识的，也可能是有意识的。顺应通常是有意识的，因为当我们没有处理物体或事件的既定方法时，就必须创造新的区别和类别。

对典型的个体来说，只有当情境需要比原来相似情境更多的努力时，正念才会发生；当外部因素阻止行为完成时，或者当先前制定的同一行为有消极或积极的后果时（Yussen，1985），其结果要么是提出问题，要么是提出一个试探性假设或者是解释性隐喻，以便在我们下一个解释中加以尝试。

兰格发现，工作中的正念可以提高生产力、满意度、灵活性、创新和领导力（1989）。在老年人中，它与活跃、独立、自信、机敏、活力、社交能力和寿命显著相关。

总　结

本章分析了反思的本质和功能。其主要主张包括：

1. 验证先前学习或为我们的信念提供依据或理由，是反思的核心功能。当有理由怀疑关于物质环境、社会交往、个人情感和意图世界的真实性、有效性或可靠性时，我们必须在继续学习之前解决这些问题。

2. 反思是解决问题、提出问题以及转变意义图式和意义视角的核心动力。

3. 我们可以反思问题的内容或描述（或有问题的意义图式）、解决问题的过程或方法或预测问题的前提。

4. 内容和过程反思可以在深思熟虑的行动中发挥作用，让我们有意识地评估一系列行动中的步骤，并考虑我们是否会在这样做的过程中"走上正轨"。深思熟虑的行动可能涉及反思，也可能不涉及反思。我们并不总是质疑做某事的方法或理由，即使当我们深思熟虑地分析情况并采取行动时也是如此。

5.前提反思涉及"辩证－预设"逻辑，这是一种认知结构的运动，由预设的识别和判断引导。

6.通过内容和过程反思，我们可以改变（阐述、创造、否定、确认、质疑、转变）意义图式。通过前提反思，我们可以改变意义视角。"质变学习"既涉及通过内容和过程反思获得的意义图式的质变，也涉及通过前提反思获得的意义视角的质变。

7.反思性学习包括确认、增加或转变解释经验的方式。质变学习产生新的或转化的意义图式，或者当反思聚焦于前提时会产生质变的意义视角。并非所有的成人教育都涉及反思性学习，然而，培养反思性和质变学习应该是成人教育的主要目标。

8.反思我们努力投射符号模型的结果，这些模型是由我们的意义视角选择和组织的，以隐喻的方式解释一种情况。这是解决交流问题的核心动力，是对行动理论在遇到不同情境时做出适应和重新调整，并在这样做的时候对结果做出的反馈。

9.反思行为或"正念"与对不熟悉和异常事物感知的准确性、避免过早的认知界定、更好的自我概念、更高的工作效率和满意度、灵活性、创新和领导能力相关。

第五章　扭曲假设：发现学习中的错误

通过前面的章节，我们已经知晓，我们将符号模型投射到我们的感官印象上，并进行隐喻性的推理，形成意义图式——具体的知识、信念、判断和感觉——来解释我们的经验。因为符号模型、意义视角、隐喻和意义图式全部或几乎都是非反思性的个人或文化同化的产物，假设和前提被扭曲的可能性，使反思和批判性对话对于验证表达的思想显得至关重要。扭曲的假设或前提会引导学习者以随意内容（随意削减内容）的方式看待现实，阻碍差异化，缺乏对其他理解方式的渗透性或开放性，或不利于经验的整合。

本章探讨了推理和行动的假设和前提的性质以及获得它们的方式。章节内容首先回顾了关于推理过程的常见误解和扭曲的假设，它们在解决工具性学习的问题时会导致逻辑和方法错误。接着借助交际学习来描述典型的前提"扭曲"是如何在认知、社会语言和心理意义视角中发生的。在这里，"扭曲"一词被扩展为包括尚未完全发展的成人的观点，例如在本章中描述的基金纳和金（1990）模型中所呈现的在批判性判断之前的认知发展阶段的观点。

尽管纠正扭曲至关重要，但识别它们的价值更为紧要。正如罗兹（1990）所说，扭曲是不可避免的，但是我们可以通过改进和情境化它们来识别和巧妙地运用扭曲和其他模型过程，意识到自己的局限性可以帮助我们学会如何弥补这些缺陷，这里的意识包括认识到我们是如何受到我们的文化和传记的影响，从而受到这些限制的。

第一节 关于推理过程的扭曲假设

许多使我们误入歧途的错误，特别是在工具学习领域，是合乎逻辑和方法论的。它们涉及推理过程，涉及逻辑原理中的谬误和对干涉规则的违反。工具性学习和交际性学习都存在技术性和方法论上的扭曲，但前者更为突出。

安吉利斯非正式谬误（1981）指的是不遵循逻辑形式和规则的推理，或是其结论得不到充分支持或不一定遵循给定理由的论据。非正式谬误的第一类是与论证的事实或内容有关的实质性谬误，包括不充足论据的谬误，即论据没有为其结论提供所需的事实支持，以及相关谬误，即论据的支持性观点与其结论无关；第二类是语言谬误，在这种谬误中，论据因语言的模糊使用而被破坏，例如意义的改变，不精确或含糊，或用词不当；第三类是战略谬误，其中的论点以诉诸歧视、偏见、忠诚、恐惧、内疚等的方式提出。

尼斯比特和罗斯（1980）仔细分析了日常生活中遇到的推理规则或假设中的错误。这种错误根源于这些作家所说的"知识结构"，他们将其定义为"已有的图式化和抽象化的知识体系——信念、理论、命题和图式"。从质变学习的观点来看，知识结构是意义视角。我们的部分知识结构是由不能正确代表外部世界的信念、理论和图式组成的。我们可能会错误地标记对象和事件，或者通过不适当的知识结构来处理它们。

尼斯比特和罗斯认为扭曲来源包括认知策略、启发式或"经验法则"，将复杂的推理任务简化为简单的判断问题。这些"启发式判断"包括代表性启发式，它可以将许多推理任务简化为关于相似性的简单判断。这种启发式使我们能够将对象或事件分配给最接近其主要特征的概念类别，当已知特征或感知到的相似性不能作为准确判断的依据时，统计因素往往就会变得重要。但人们通常对相关系数、集中趋势测度等因素的相关性知之甚少。当意义图式涉及外部现实不恰当的符号表征时，或者当它们阻碍或代替对手头实际对象细节的注意时，它们可能会产生误导。

我们判断对象或事件的频率、概率和因果关系到它们容易被记住的程度，这给我们提供了一个"可得性启发式"。这里的问题是，除了频率、概率和因果效力之外，其他因素也会影响我们记忆对象和事件的能力。

尼斯比特和罗斯提出了另一种启发式方法，即对数据的相关性进行加权。人们根据其感知的显著性和清晰度给数据赋予权重，此权重决定了哪些数据被处理、保留和检索。问题是，清晰度不是评估证据的可靠品质。作为"直觉科学家"，普通成年人在解决问题方面的操作与指导科学家的操作相当，但他们缺乏科学家的细致和反思性评估，包括有意识地遵守与这些操作相关的既定标准。预先存在的知识结构会误导我们描述事件的方式。当学习者从样本中概括时，可用样本必然局限于学习者能够记住的事件；当学习者试图根据样本特征归纳它所代表的总体特征时，有证据表明，大多数学习者对样本大小或样本毫无歧见的重要性并不了解。此外，研究表明，普通成人学习者在评估事件之间的关系方面的能力非常差。尼斯比特和罗斯写道，"相比实际观测到的数据配置，似乎先验理论或期望对协变量的感知的重要性更大。也就是说，如果外行有一个合理的理论来预测两个事件之间的协变量，很大程度上协变量将会被感知，即使它完全不存在"。

与因果推理相关的常见错误包括：先前的因果关系理论使学习者忽略证据中呈现的协变量的含义，依赖于扭曲和任意的偏好来归因因果关系，以及错误地应用因果图式或分析策略。成人学习者通常也容易做出错误的预测，因为他们倾向于忽略人群之间的差异或结果可能性的相对频率。

一种在工具性学习中引起特殊问题的前提扭曲（尽管它也会影响交际学习）是隐喻性的，它涉及不恰当的问题定义或分类系统。例如，多纳德·舍恩（1979）指出，城市规划者可能有一个隐喻性的假设，将贫民窟视为"病态"区域，只有拆除破旧的建筑并设计新环境，才能恢复

"健康"，工具性学习和反思可能会使规划者把这个隐喻换成一个将贫民窟比作自然社区的隐喻，这种替代性隐喻强调维护社会融合、家庭稳定和非正式的互助网络，并通过外部援助和自助相结合来支持这些社区资本。

在归因时常常会出现严重的逻辑扭曲。例如,尼斯比特和罗斯(1980)描述了他们所谓的"基本归因错误"，该错误认为行为主要是由持久一致的行动倾向引起的，而不是由行为者对情境的特定特征做出反应引起的。这种错误会产生一些意义图式，比如认为成功的人比不成功的人更有动力和雄心，一个人的命运最终会反映出他或她的性格。相对而言，尽管许多人倾向于把别人的行为解释为倾向性行为，但他们通常会根据情境来解释自己的行为。

其他研究者也发现了归因过程中的不同扭曲。例如，我们在做出判断时没有充分利用他人的意见和经验，即共识信息。我们更倾向归功于好结果而不是归咎于坏结果，但我们对共同结果评价更高。费斯克和泰勒（1984）认为，总体而言，归因过程中的这些偏见表明，与尼斯比特和罗斯所说的"天真科学家"不同，"社会感知者有时是一个以自我为中心的保守骗子，他以对个人有利的方式歪曲现实"。

推理和工具学习中的错误通常涉及对特定启发式或"经验法则"、理论或隐喻的不当使用。问题不仅在于成年人过于渴望应用简单的启发式方法和立即可用的知识结构，而且一旦使用了这些不适当的知识结构，随后的考虑就不能对修改它们产生重大影响。正如尼斯比特和罗斯所指出的，"理论和信念一旦形成或被采纳，往往会持续存在，尽管有一系列的证据会使它们失效甚至逆转。当'检验'理论时，外行人似乎只记得确凿的证据……当面对不确凿的证据时，人们更加相信'例外证明了规则'"。

尽管如此，尼斯比特和罗斯得出结论，尽管大多数成年人的直觉策略缺乏"严谨性"，但由于许多推理任务的集体性质，这些策略在人们日常生活中还是可行的。在集体问题解决中，我们最重大的错误可能会受到他人的挑战。因此，效度测试在学习和认知中的重要性就不言而喻了。

第二节　认知前提扭曲

心理学和学习理论的学者们已经发现了一些认知前提扭曲，即对知识的性质和使用的扭曲假设。其中一些扭曲现象在智力发展的早期阶段（儿童期）很常见，它们在某些成年人身上也会持续存在。

一、反思性判断的发展

基奇纳（1983，1990）遵循杜威的观点，将反思性思维置于问题解决的假设性演绎模型的情境中，但观察到，虽然有些问题有正确的解决方案，其他许多问题却没有。前者，如数学题，她称之为谜题。对于其他问题，例如公共政策问题，有一些临时优先的解决办法，这些解决办法是知情人基于对证据和理由的客观评估（即通过一致认可的验证）得出的意见。基奇纳认为，只有后一类问题（与交际学习问题相比较）才呈现出杜威真正所指的问题情境。对于此类问题，反思性思维不能简化为一组需要掌握的技能或步骤，因为它们是基于反思性思维依托的一组特定认知假设。这些意义视角已根据经验由多项研究建立起来，涉及客观现实被视为可知的程度、客观知识的性质以及信念被证明的方式。

基奇纳描述了反思性认知发展的七个阶段，从最容易出现认知前提扭曲的第一阶段到最具反思性和理性的第七阶段。作为第一阶段的一个例子，哈利假设客观现实依照人们的认知方式而存在，客观现实和知识形态的现实是绝对相同的，并且可以通过个人感官感知和先验学习而被认识。如果人们无法直接感知问题的答案，他们可以从权威那里了解绝对真理。真理没有问题，正确的答案是存在的，与之不一致的信息或观点就是错误的。对哈利来说，信念和实物一样真实，它们不是衍生的，也不需要解释。意见分歧不会被察觉，因此无须辩解。哈利把所有的问题都看成是难题，人们必须接受权威意见作为所有知识的基础，而有差异的信息是完全错误的，故基奇纳认为反思性思维是不必要的，因世上本无"真正的不确定性"。

简和哈利的观点大不相同，她认为存在一些客观现实，对它们的认识和假设必须接受检验，尽管我们对现实的认识受制于我们自己的感知和解释，但通过批判性探究和理性论证，可以使判断更加正确。对简而言，知识是合理探究过程的结果，它是容易出错的，未必总能对现实本质进行正确认识。知识陈述必须被以为是无限接近于事实的，并且必须接受理性的审查和批判。简认为，信念反映的解决方案可以被一般探究或评估规则来证明是最合理的，尽管不同领域间的评估标准可能会不同，如文学、科学或宗教领域。简代表第七阶段，即基奇纳模型中的最高阶段。

哈利和简处理同一个问题的方式也有天壤之别。哈利确信他无法找到；可能"真正的解决方案"，甚至认为问题根本没有解决方案，事实上，这反映出他只是在努力寻求而并非真正找到与事实绝对吻合的权威意见。然而，简则会仔细权衡假设、证据和理性论据的合理性，以支持在特定情况下处理问题的"最佳替代方式"。

基奇纳发现了哈利和简所代表的两个极端之间的五个中间阶段或发展水平。每个发展层次的结构"似乎是一些表面上无关的信念的基础，包括权威意见的有效性、信念被证明是好是坏的方式以及对偏见和解释的理解"。

第一阶段的主要预设是信念不需要证明，因为信念与真实之间存在着绝对的对应关系。因此，处于这一阶段的人们发现没有必要进行反思性思考或验证他们的假设。

第二阶段的观点是知识是绝对确定的，但可能无法立即获得。我们可以直接获得，也可以基于权威意见获取知识。在这一阶段的认知假设是，信念要么是未经证实或审查的，要么是经过权威证明的，大多数问题都有正确的答案。

第三阶段的学习者认为知识是绝对确定的或只是暂时不确定的。当它暂时不确定时，我们只能通过我们的直觉或偏见来认识。这些学习者假设，在存在答案的领域，信念是通过权威来证明的；在没有答案的领域，没有合理的方法来证明信念的合理性。

在第四阶段，知识被视为特殊的，因为诸如错误报告数据或随时间丢失的数据等情境变量共同使我们无法确切地了解知识；这里的假设是，信念可以通过给出特殊的理由或选择符合信念的证据来证明，决策表现为理性和武断的结合。

处于第三阶段和第四阶段的人对能理性地认识所有事情持怀疑态度。虽然他们相信客观真理的存在，但他们觉得在真理被发现之前，知识是暂时不确定的；权威可能不是知识的绝对来源；信念是合理的，至少它们在感觉层面是"正确的"；除非真理是已知的，否则所有的观点都是不合理的；反思性思维和理性探究过程的假设被拒绝作为知识的来源。

对于第五阶段的学习者来说，知识是情境性和主观的。我们不能直接了解世界，我们只能通过我们的感性"过滤器"对世界做出解释。这些学习者认为，只有通过与情境相关的探究规则，信念才能在特定的情境中得到证明；因为证明被假定是基于情境的，所以在相互矛盾的解释之间进行选择往往是困难的，因此遭到抵制。

在第六阶段，学习者将知识视为个人构建的，基于对证据和论据的跨情境评估，以便我们可以知道自己和他人对问题的建构。第六阶段的假设是，可以通过权衡问题不同方面或跨情境的证据和论据来构建个人标准（如我们的个人价值观或实际行动需要），并评估解决方案以此来证明信念的合理性。

在第五和第六阶段，放弃对客观现实或他对真理的"执念"。处于这一阶段的人相信所有的知识都是个人的、主观的、有问题的和不确定的。因为判断是建立在主观解释的基础上的，它们不能产生更客观意义上的知识。假设影响解释，必须在特定时间、地点和情况的情境中理解观点。解决问题需要不同的观点，但是判断，即使是基于理性探究的判断，除了我们自己的主观解释之外，没有任何意义。

基奇纳将她模型的第七阶段（即"简"的观点）的论证模式指定为"反思性判断"。反思性判断涉及的四个预设："（1）存在一些客观现实，对它们的认识和假设必须接受检验;（2）然而，探究过程本身是错误的;（3）知识主张建立在理性探究过程之上;（4）因此，证明是基于对证据和解释的合理评估"。

基奇纳接着写道，"反思性思维模型中所描述的序列意味着，在个体达到杜威意义上的'反思性'思维之前,他们必须经过六个步骤或阶段,在这些步骤或阶段中，他们持有与反思性思维不相容的关于现实和知识的假设"。总的来说，变化发展经历了从教条主义到怀疑主义再到理性主义的阶段。

基奇纳和金（1990）提供的证据表明，反思性判断能力随年龄和教育程度的增加而提高。据发现，被选为具有高学习能力的学生样本在高中时期的反思判断处于第2—3.5阶段、大学时期处于第3—4.5阶段、研究生时期处于第4.5—6.5阶段。两年后，这些作者设计了一项测试，以确定人们在七阶段模型中的位置，在这项测试中，所有小组的模态分数都提升了一个阶段，但只有先前的研究生（其中90%的人在第六或第七阶段得分）使用了反思性思维。因此，一个人似乎只有在成年后才能获得反思性的判断。"只要个人继续接受正规教育，向反思性判断的发展就一直持续，直到成年初期形成，但离开教育机构后，发展就会停滞"。显然，这表明在学生离开学校后，成人教育和咨询项目在促进学生反思性学习上是非常强有力的。

基奇纳对杜威反思概念的解释与我们目前的理解不太一致，即工具领域中用于验证知识的反思性思维标准与交际领域中使用的标准不同，杜威的"假设"演绎探究模型可能主要是应用在工具领域。基奇纳的模型也不关注反思功能之间的区别。然而，她发现认知意义视角存在发展阶段，这对于成人教育者的教学意义，以及优质视角可以作为教育目标的建议，都是具有启发性的。特别有趣的是，基奇纳和她的同事们凭经验建立了一种反思思维的意义视角，它与哈贝马斯在描述身份发展和理想言语情境中的参与质量时所提出的观点非常一致。

二、常见的认知扭曲

盖斯（1981）提出了三种类型的扭曲认知前提；一种是假设命题只有在它们被经验证实时才有意义；第二个假设是，社会互动产生的现象（如法律、教会、政府）是不可改变的，并且不受人类控制（即具体化）；第三种是使用描述性的概念（如：生命阶段、学习风格、个性特征）作为规范。

诺克斯（1977）在回顾关于儿童和青少年典型的感知、记忆、思考和问题解决模式的传统心理学研究时，将"认知风格"的概念描述为由以下九个维度组成：

1. 容许不同于传统经验的感知；

2. 在做出决定前考虑各种可能性；

3. 易分心；

4. 注意力的强度和意识广度；

5. 记忆中相似对象和事件的模糊和合并；

6. 以多维的和差异化方式解读世界；

7. 使用许多不同概念（主题、功能、描述性、类别成员资格）进行分类；

8. 将某一项目从背景和情境中分离并感知；

9. 偏好广泛和包容的类别范围，而不是狭窄和排他性的。

朗（1983）建议将卡干的"冒险与谨慎"列入清单。

　　盖斯（1981）提出的认知风格扭曲包括：当分析和全局二者其中之一合适时则关注另一个；在适当的情况下关注或不关注；定义类别过宽或过窄；当反思和冲动二者其中之一合适时，则成为另一种；当具体和抽象二者其中之一对于理解必要时，则处理另一个。这些扭曲集中在类似于罗兹（1990）所描述的"感知过滤器"维度上（见第二章）。

　　基奇纳的研究结果表明，"认知风格"可以被认为是一种发展过程，从一种有限和扭曲的观点发展为一种更具包容性、更具鉴别力和经验整合性的理解方式。在这些知识生产的"风格"维度上，未能实现完全发展所产生的扭曲，在本质上可以解释为认识论。教育者可以通过促进反思性和批判性的反思对话来评估问题以及问题假设的有效性，从而帮助学习者克服这些问题，就像其他认知扭曲一样。

　　还有一个反映不完全发展的认知扭曲的例子，拉里·格拉迪斯（1988）讲述了他的一个成年学生格拉迪斯的故事，她曾经营过一家养老院，并被鼓励写下这件事。一位教师给了格拉迪斯一个中等分数，因为她无法将自己与写作保持距离，这样她才能更具批判性的反思方式来思考自己所写的内容。达洛是格拉迪斯在非传统学位课程的导师，对她表示同情，格拉迪斯抗议道："他对疗养院了解多少？他怎么能对我毕生的工作打个 C ？"

　　达洛想，"她太具体了，没有把形式和内容分开，当他谈论她的写作风格时，她认为他在批判她。她还没有实现从是自己的想法到拥有这些想法的飞跃；她仍然沉浸在自己的经验中。他是绝对正确的：她写的是她的经验，她没有'拥有'"。

　　达洛试图让格拉迪斯写下照顾老年人的"理想"方式，以此作为一种帮助她获得批判性反思视角的策略。但这也没用。格拉迪斯只是简单地写了，如果她有用不完的钱，她会改善现有房子的所有方式，这些变化后面没有明显的原则。"她似乎完全无法想象养老院可能根本不需要存在——照顾老年人的原则可能以其他方式得到尊重。为了做到这一点，她必须推翻她最基本的假设，质疑她整个人生所建立的前提。"除了提供有趣的教育挑战外，格拉迪斯还呈现了一种扭曲的、抽象的、非批判反思的认识方式观点，即不能抽象地、以批判反思的方式思考。

兰格（1989）描述了熵和线性时间的概念是如何作为限制性思维定式的。熵是一个实体或组织模式在封闭系统中的逐渐分解，正如将宇宙视为一台正在运转的巨大机器所体现的那样。这种观点导致了对固定界限的信念，而现实是社会建构的这一观点则表明，现实相对而言更容易受人类控制。线性时间的概念意味着人们必须接受"时间会耗尽"这一事实，这就导致了认知技能、心理和身体健康都与年龄有关的观念。

在本节中，我们看到了广泛的认知扭曲，它们与每个学习者都植根于特定的生活情境和智力发展阶段这一事实有关。我们在前面的章节中已经看到，这些意义视角的扭曲是如何在过滤感知和理解方面起决定性作用的。

第三节　社会语言学前提扭曲

造成社会语言学前提扭曲的因素包括社会和语言任意地塑造，它限制我们所有感知和理解的机制，例如隐含的意识形态、语言游戏、文化准则、社会规范、角色和实践，以及尚不成熟意识、理论和哲学。所有这些都包含价值观和行为期望，所有这些都是通过"配方式"知识实现的。

对于大部分社会规范和文化代码，我们认为理所当然，但却不知道它们是用于分配权力和特权的。我们的意义视角反映了我们的文化和为社会化负责的人对各种情境定义的方式。我们父母在社会结构中的位置以及他们的个人传记和特质影响着我们对现实的看法。作为孩子，我们在充满感情的关系中将父母或导师的规则、角色、惯例、期望和态度内化；然后以抽象的形式将它们应用到社会他处。伯杰和拉克曼（1966）写道："初级社会化实现了（当然，在事后看来）可能被视为社会对个人最重要的骗局，使其看起来是必要的，而实际上却是一堆偶然事件，由此赋予新事件以意义。"

当意识形态倾向于将现有的社会、制度和生活方式合法化，使之成为自然的、善的、公正的，它就变成了葛兰西（1971）所说的"霸权"。它包含了在社会实践和制度中表达的占主导地位的、最广泛分享的信念和态度。意识形态包括从复杂的理论到盲目的歧视或偏见，如种族主义、性别歧视和沙文主义民族主义。这种偏见产生了一种"限制"，即有限的、刻板的语言代码。霸权意识形态通过设定政治议程、界定辩论议题和术语、排除对立思想来定义话语的界限。它们使话语退化为固定的、僵化的刻板印象，歪曲了社会生活的复杂性。意识形态通过将复杂的社会过程简化为简单、明显自然和稳定的事态而成为"虚假意识"。所谓的普遍观念掩盖了私人利益，掩盖了社会矛盾，压制了其他选择。幸运的是，由于意识形态存在于生活的许多阶段，它们之间总有产生矛盾的可能，这种矛盾为反思分析提供杠杆作用，并最终实现转型。

一、基于语言的扭曲

学习一门语言需要内化社会定义的各种解释图式，例如勇敢的小男孩和可爱的小女孩、爱国者和叛徒、成功和失败，以及凯利（1963）称之为个人建构的其他两极（见第二章）。我们还内化了一些观念，以解释为什么我们必须按照这些图式行事，这些理念可以用谚语、寓言或神话来表达，也可以是迷信或对现实的其他简单化扭曲。

仅仅因为语言的本质，经验可以被任意地塞进意义或类型化的类别中。我们必须命名一个事物，以便使它进入主观意识，当我们命名经验时，我们就改变了它。例如我们把对另一个人的积极情感表达为"爱"，然后我们通过增加各种期望和义务来改变现实；同样，仇恨、嫉妒、贪婪、欲望、背叛、英雄主义、理智、爱国主义、勇气和无知也都通过命名被具体化（视为客观现实的一部分）。

　　一个有说服力的例子可以说明概念系统和人类的思维过程在很大程度上是隐喻的，因为隐喻不仅仅是交际学习的一种逻辑形式，还具有其他功能。交际学习的逻辑是隐喻－溯因。然而，拉普夫和约翰逊（1980）说明了隐喻中隐含的扭曲的巨大可能性，他们举例说明了我们是如何被困住的，例如这一流行隐喻——"争论就是战争"：

　　你的主张是站不住脚的。

　　他攻击了我论点中的每一个优点。

　　他的批判都正中要害。

　　我推翻了他的论点。

　　我从来没有在和他的争辩中赢过。

　　你不同意？ 好，说吧！

　　如果你使用该策略，他会消灭你。

　　他驳斥了我所有的论据。

　　拉普夫和约翰逊指出，我们不仅仅是斗争的角度来争论。我们实际上赢得或输掉争论，把和我们争论的人看作对手，进行攻击和防守阵地，赢得和失去阵地，抑或是放弃阵地并采取新的进攻路线，这些都是我们要做的，而不仅仅是谈论。因此，传统的争论和讨论方式受到一种隐喻的支配，这种隐喻被普遍接受，以至于对我们大多数人来说都是无意识的，然而，当争论的目的是寻求双方同意时，这种隐喻就失去了作用。

　　隐喻所能起的作用在劳动力作为资源的隐喻中表现得非常清楚。物质资源可以被量化，为每单位分配价值，用于明确的目标，并逐步耗尽完。这一隐喻背后隐藏的假设包括这样的信念：可以明确区分劳动和非劳动，不活动不能产生生产力，工作不能娱乐，所有的劳动都有明确的目的和价值，劳动独立于劳动者和劳动者体验它的方式，以及劳动在劳动者生活中意味着什么（换句话说，工人或多或少是可互换的拉普夫和约翰逊）。

　　因为我们所理解的社会生活现实实际上是语言使用的产物，所以文化本身可以被理解为"一个不断需要参与者解释的模棱两可的文本"（布普纳，1986）。对于戈尔曼来说，文化是"一篮子框架"文化可以被理解为联想意象和连锁事件的集合，它们表明了在既定世界中连贯性、可能性和"意义"的本质。正如布鲁纳（1986）所说，"因此，如果一个人问，社会概念的意义在哪里——在世界中、在卑鄙者的头脑中或在人际谈判中——那么人们不得不回答，它是这些概念中的最后一个。意义是指我们可以达成一致的东西，或者至少可以接受它作为就当前概念达成一致的工作基础。如果人们在争论社会'现实'，比如民主、公平甚至国民生产总值（GDP），那么现实不代表客观事实，不在于人的脑海中，而是在争论和谈判的概念含义导致的行为中。社会现实并不是我们踢它们时绊倒或碰伤自己的砖块，而是我们通过分享人类认知而获得的意义"。

这种社会"现实"的真正本质往往隐藏在具有说服性或分散注意力的语言策略中。诸如恐吓、威胁、诉诸权威、侮辱、轻视、挑战权威、回避问题、讨价还价、奉承等策略都可以作为"理由"来表述，比如"如果你不这样做，我就……""因为老板这么说"或"因为你太笨（或太聪明）"，这样的策略在日常对话中很常见。然而，在一些亚文化中，如学术界、科学界、法律界、外交界和新闻界，人们一直在刻意地尝试禁止使用它们。这些策略影响是潜移默化的，但这些对话社区中的规范普遍不赞成它们，因为每个社区都在以自己的方式有意识地以理性的方式验证着有争议的意义主张。

"日常生活的现实通过日常惯例来得以维持。""配方式"知识可以理解为将频繁重复的行为转换为模式，以便将模式理解为行为。一旦意义在日常惯例中根深蒂固，它们就被认为是理所当然的。人们根据行为者和角色的类型对习惯性行为进行分类，以帮助自己预测他人的行为——无私的父母、自主的教师、公正的法官、诚实的警察。这些概念被制度化，并作为外部的，有时是强制性的事实，即所谓的现实"内在性质"传递给他人。玛丽·罗杰斯写了"理性悖论"："人群中的行为模式越习惯化，其可供审查的要素就越少"。

二、选择性知觉的扭曲

我们在第一章中已经注意到，不符合主流意识形态的意义视角或观点往往会被视为异端而被忽视，甚至被完全排除在外，我们只看到我们"喜欢看的东西"。哥尔曼（1985）写道，"任何框架都定义了相关图式引导注意力的狭隘焦点，以及广泛忽略的无关领域。"意识形态或具体化的框架与它认为无关紧要的不受欢迎的看法和观点是没有关联的。

机智，即"注意力部署"，也会限制感知和认知。我们会把在晚宴上遇到的坚持发表与我们截然相反的社会哲学或政治观点的人拒之门外，这是多么自然的事！我们都会避免没有结果的讨论和对抗。相比之下，发现一个陌生人和我们有共同的意义视角，这是多么令人欣慰啊！我们避免了对抗的威胁或礼貌回避的压力；焦虑得到缓解，不再支配我们如何看待和思考他人。然而，通过以这些"自然"的方式做出反应，我们也错过了只有从不同的视角以及对备受重视的假设的质疑才能获得的洞察力。这就是为什么麦格森·格林把她1973年的书命名为 *The Teacher as Stranger*。正如格林指出的那样，那些教育他人的人必须帮助他们理解一种观点，即一个人不植根于他们特定的文化取向中，也不受他们限制性语言规范约束。如果我们敢于这么做，那么我们在作为陌生人教育他人或向陌生人学习方面可以做得非常好。

三、社会语言学扭曲和意识层次

保罗·费莱雷（1970）将"意识化"这一学习和教育理论中的核心概念定义为：学习者"深入了解塑造他们生活的社会文化现实，以及他们通过对其采取行动改变现实的能力"的过程。弗莱雷确定了第三世界的四种文化制约意识层次。最低层次的是非转移意识，即人们全神贯注于满足基本需求，而意识不到除了基本生理需求以外的问题。这一层次的人缺乏历史意识，无法理解自己的社会文化状况。

第二个意识层次是"半非转移意识"或奇特意识，这是独裁者统治的社会和许多新兴第三世界国家对应的水平。在这种"沉默文化"中，现有的社会文化现实被认为是理所当然的。生命被视为宿命或命运，被认为是人类无法控制的，被压迫者将压迫者的价值观内化，导致对他们的情感依赖和自我贬低。

第三个层次，即这初阶的转移意识或半转移意识，人们开始质疑自己的生活，并能理解社会文化现实是由人类决定的。然而，质疑仍是低水平的。处于这种意识层次的人很容易受到民粹主义领袖的影响，并且非常容易被他操纵。

通过意识化，学习者可以达到的意识第四层次。然后，他们可以参与一个对话式教育过程，该过程侧重于对促进依赖和压迫的有关社会规范、文化规范和意识形态的假设进行效度测试。这就需要人们对意识形态所支持的非人性化的社会、政治和经济结构进行严格的批判。通过实践，即反思与行动的结合，学习者参与行动以引发社会变革。弗莱雷（1970）阐明了他所说的实践和行动的含义：

> 我有必要强调，我对实践的辩护并不意味着二分法的方式可以将这种实践分为前一阶段的反思和后一阶段的行动。因为行动和反思往往同时发生。然而，对现实的批判可以揭示，目前某种特定的行动形式是不可能或不适当的。那些通过反思认识到某种行动形式不可行或不适当的人（因此被推迟或替代），不能因此被指控为不作为，因为批判性反思本身也是行动的一种类型。

虽然弗莱雷认为前提反思是一种行动形式，但当他写到"变革"（指社会变革），他没有将产生依赖性的认知或心理预设与社会语言学的预设区分开来；他认为所有扭曲假设都是被社会结构合法化和强制执行的意识形态。对他来说，如果不采取进一步行动来变革具有压迫性的社会结构，那么意义质变就只是一场"智力游戏"（埃文斯，埃文斯＆肯尼迪，

1987）。这一观点也被美国社会行动教育者领先代表所认同（例如，希尼、霍顿，1990）。

四、受约束和无约束的愿景

托马斯·索维尔（1986）确定两个普遍存在的前理性的、普遍未阐明的社会语言学意义视角，他称之为"受约束"和"无约束"的社会愿景。在受约束的愿景里人类被视为具有无可救药的缺陷。在这种观点下，人类所期望的最好的东西是危险的繁荣和脆弱的和平，这最有可能通过保守地遵循传统和社会的集体智慧来获得。仅靠理性无法使世界变得更好，因为人类没有足够的知识来实现这一目标。相比之下，无约束的愿景排斥人性固有限制的概念，并认为我们有能力通过意志和理性来完善自己并根除社会罪恶。

很容易看出这些意义视角如何分别成为保守和自由社会和政治意义图式的基础。例如，在无约束的愿景里，追求美好社会时崇尚真诚，而在受约束的愿景中则崇尚忠于职责。在受约束的愿景里，企业高管有义务保护企业股东的利益，而不是去改善社会；教育者应促进学习者的智力发展，但不应有意鼓励可能改变社会或经济体系的学习，无约束的愿景则鼓励完全相反的优先事项。

索维尔对持有不同观点的人倾向于给持相反观点的人贴上标签和不予理会的方式感到震惊，这种方式阻止了使用理性话语来达成和解。正如我们所见，其他扭曲的社会语言学意义视角也会出现类似的问题。

第四节　心理前提扭曲

心理前提扭曲会产生导致我们痛苦的感觉和行为方式，因为它们与我们的自我概念或我们想成为成年人的感觉不一致。它们是我们早期经验的产物——我们在童年的创伤后学会了保护自己的方式——而这些在成年后变得功能失调。通过前提反思，我们可以理解它们如何塑造我们感觉和行为的方式及其后果的。这种反思被认为主要发生在心理治疗中，但它是一种自然形式的学习质变，通常发生在成人生活中，尤其是在重大的生活转折期间，无须治疗师或教育者的干预。

小时候我们都学习过一些简单的规则，比如"过马路时要牵着妈妈的手"，随着经验的增加，这条规则就会被修改，我们知道不必总是牵着妈妈的手，但我们必须在绿灯亮时才能过马路。后来，这条规定被进一步修改为"过马路前要向两边看"，最初的禁令变成了关于过马路时要小心的一般经验法则。

这类规则可能非常有用。然而，当父母的禁令是在受情绪性影响和极具创伤性的事件中被孩子学习到的，例如，以为失去父母的爱，可怕的体罚，或羞辱和羞耻作威胁时，禁令可能在这类事件被遗忘很长一段时间后暂时失去作用，而后又在整个成年时期通过焦虑情绪来持续监控情感并操控与他人互动的方式。当我们意图违反禁令时，我们将其解释为"绝不"以某种方式行事或感受某种情绪，我们的胃部肌肉就会绷紧，手掌出汗，喉咙也会变干。隐藏的禁令可能会发出指令，如"永不"对抗，绝不发生性行为或产生肉欲，永不成功，永不失败，永不冒险，永不嬉戏，永不表达感情等等。违反其中一条禁令就可能唤起儿童极度灾难般的梦魇——不受控制的暴力、全盘否定、公开羞辱、被遗弃——尽管我们现在是成年人，而且知道这种由成年人对我们行为后果做出理性评估的视野是不合理的。

正如精神学家罗杰·古尔德（1989）所解释的那样，这样的禁令阻碍了成年人必要的功能，教育工作者可能将其视为学习障碍。为了弥补功能的丧失，人们经常形成防御性的"外壳"或行为模式以避免焦虑的威胁。这样的"外壳"包括成为"工作狂""完美主义者""取悦者""小丑""追随者""烈士""恶棍"等等。

背负着这种心理障碍的成年人往往会意识到自己功能不佳，有什么东西阻碍他们成为自己渴望成为的自主和负责任的成年人。后一种视野是自我概念，在第一章中被确定为主要的学习情境，通过直觉监控学习过程。尽管存在对焦虑的压抑性情绪和对灾难的过度恐惧，采取适当的行动对于恢复失去的功能至关重要。然而，对采取这种行动的恐惧和抵制是非常真实的。古尔德把这些恐惧的共同点称为"后悔分析"，因为个人知道其应该采取特定行动，但由于担心自己会后悔而犹豫不决。古尔德在"后悔分析"中提出了五个隐含假设——扭曲的意义视角：

1. 我可能会后悔这样做，因为这可能不是正确的行为。

2. 我可能会后悔这样做，因为它可能会破坏我生命中一段重要的关系；

3. 我可能后悔采取行动，因为我可能会失败，对自己感觉更糟；

4. 我可能后悔采取行动，因为我可能会成功，它会以一种让我感到不舒服的方式来改变我的生活；

5. 如果我采取行动，它可能会破坏一些内在的平衡，我可能会发现一些我不想知道的关于我自己的事情。

为了恢复受阻的功能，必须帮助学习者理解他们处境的心理动力学，并将阻碍所需行动的预设带入批判性反思中。教育者或治疗师可以帮助学习者确认需要解决的具体问题，其症状和引起的痛苦，处理问题的无效方法以及学习者想要改变的意愿，在几种可能性中确定潜在的解决方案或所需行动，并制定行动计划。在转变发生之前，阻碍行动的强烈情感也必须得到处理；仅仅了解情况不足以实现质变学习，质变学习可能在决定行动步骤时逐渐承担更大的风险。

戈比论文的一个例子是关于理查德的，他是一位五十岁出头的律师，对他来说，他的职业生涯实践已经失去了吸引力，理查德用"职业生涯中期倦怠"来描述自己的萎靡不振。他是一家成功的律师事务所的合伙人，但他发现自己的管理职责和职业性质使他无法在法庭上花很多时间，而他更愿意去法庭。在他的律师事务所，和其他许多律师事务所一样，传统的做法是，随着合伙人年龄的增长和经验的增加，他承担的案件数量会减少，而更多的是令人满意的、经济上有回报的案件。作为一名年轻的律师，理查德曾遵守这些规则，但现在他面对的是年轻合伙人对这种优待的理由提出质疑。理查德觉得他的"特权"受到质疑是对他的不公平对待。他发现自己无法在不发脾气或避免谈论这件事的情况下讨论这件事。这个问题成了"压垮骆驼的最后一根稻草"。理查德对法律很感兴趣，因为他喜欢代表客户出现在法庭上，而且他对此非常熟练。现在这种吸引力已经消失了，他认为自己会辞职转行，或者干脆提前退休。

当理查德听说古尔德要为那些在人生转折中遇到困难的人举办一个研讨会时，他决定参加。有一次，他双眼布满红血丝，心烦意乱地来到研讨会，在这次研讨会上，他长了见识，发现自己内心。隔壁公寓的邻居一直开着电视直到凌晨四点，想到这件事的理查德一直握紧拳头，说他"本可以狠狠揍那家伙"，事实上，他差点就砸了他的门。当被问到为什么不敲邻居家的门，让他把电视关小一点时，理查德只能耸耸肩，翻了翻白眼。

在随后的讨论中，显而易见的是，尽管理查德对法律很感兴趣是因为他享受代表客户去对簿公堂，但他无法代表自己的利益与人对质。小时候，他犯了一个错误，在不恰当的时刻与父亲对质，而父亲可怕的过度反应给理查德造成了巨大的创伤，他觉得自己再也不能代表自己与任何人对质。这就是为什么他觉得代表他人与别人"对质"如此令人满足，并因此成为一名非常擅长与别人"对质"的律师。但与此同时，他的妻子和朋友也因为他的温和和不具威胁性的举止而被他吸引。

理查德逐渐开始明白自己的困境，特别是在研讨会上，他大声朗读写给他父亲的一封未寄出的信，告诉父亲他打算如何改变，为什么要改变，这帮助了理查德成功处理焦虑情绪，因为他开始自我反思和质疑阻碍他在必要时采取行动与他人对质的预设。随后，他发现自己可以向他的年轻合伙人表达他的观点，并在不生气的情况下有力地为案件辩论。

理查德也必须与他的妻子和孩子一起解决问题，因为当他重新获得与他人对抗的能力时，如果他觉得他们在不公平地利用他的话，他们就会感觉受到威胁。

一天晚上，杰西还出席了一个关于生活转变的研讨会。她是一个30岁左右的美丽的黑人女性，在她作为纪录片制作者职业生涯中一无所获，突然她被选中为主要城市成人教育项目的负责人。她对她的新工作很满意，但很快就发现自己陷入了一种奇怪的境地，她似乎无法让自己做出选择教师，确定预算优先事项，制定计划，招聘人员的必要决定。她会把一堆文件带回家，第二天再带回办公室，然后又把它们带回家。她雇了一个行政助理，但问题并没有解决，所以她决定来参加这个研讨会试试。

杰西很快就发现问题在于她总是很难完成她开启的工作。随着这一点变得越来越清晰，她早前对写作生涯的挫折感开始显现出来。杰西开始意识到，她的问题根源在于她是个完美主义者。古尔德博士向她解释说，大多数人都意识到他们擅长某些方面，不太擅长其他方面，而在某些方面却很差劲。他们平衡了自己的表现，最后觉得自己还行。然而，对于完美主义者来说，每一次的表现都是对自我价值的考验。难怪杰西什么都做不完！

当被问及时，杰西能够确切地解释她是如何成为一个完美主义者的。她的父亲易怒而暴力，总是在愤怒中殴打母亲。杰西童年的大部分时间都躲在壁橱里，头上顶着一个枕头以隔绝外面发生的事。有一次，他父亲施暴是因为发现了她的成绩单上面有一个 C。他一把抓住她，愤怒显现在脸上凑近她，大声喊道："以后再考这么糟糕的成绩，你就不要回家了。世界上到处都是那些白人混蛋，他们不许任何人挡他们的道。你必须比他们中任何一个人好两倍。你听见了吗？"

但是，当然，没有人可以一直比别人好两倍。杰西害怕失败，因为她父亲给她设定了一个不可能完成的标准，所以她从不完成她开始的任务来避免失败的可能性。深入了解她的感受后，通过在研讨会上读自己给父亲的一封未寄出的信，计划在工作中做出更简单、更安全的决定，自那以后她重回了正轨。

在成年人的生命周期中，随着优先事项的改变，新的态度和新的行为变得必要，而这些往往会产生内部冲突，表现为抑制、防御或僵化的性格模式。为了收获更具包容性、识别性和经验整合性的意义视角，适应性反应需要摆脱这些潜在的冲突。学习者可以通过解决导致他们对不断变化的情况的反应僵化或受限的冲突来实现自我解脱。实际上，当他们能够批判性地反思那些阻碍了适合某种情况的行动前提扭曲时，他们就恢复了必要的功能。

有必要承认的是，前面对心理扭曲过程的描述是基于熟悉的弗洛伊德假设。对于心理上的"困扰"，还有很多其他的解释。例如，在第六章中，我们将研究的作品，他从容格的观点出发解释了质变学习（博依德 & 米尔斯，罗伯特 1988；博依德，1989；博依德，康德拉特 & 兰内尔斯，1989）。

总　结

在本章中，我们探讨了我们在推理或解决问题的过程中的错误以及被扭曲和发展不充分的认识论、社会语言学或心理意义视角所误导的方式。我们已经详细说明了这些在我们的信念体系中的前提的扭曲是如何阻碍成人朝着更具包容性、更具识别性、更具渗透性和意义视角整合性发展的。本章主要内容包括：

1. 意义视角可能或多或少得到了充分的发展；它们受到认知、社会语言学和心理扭曲的影响。每种意义视角都涉及一系列的假设，这些假设在成人生活中可能是有功能障碍的。

2. 在工具性学习中，扭曲很可能是逻辑的或方法论上的；在应用推断或推理规则时会出错。

3. 反思性判断——通过理性的对话接受双方同意的验证——是只有在成年后才完成的发展序列。反思性判断的发展似乎也与强调抽象思维的正规教育有关。

4. 认知扭曲源于早期发展阶段的观点；认知、学习和智力风格；意识范围狭窄；不恰当地使用全局／细节焦点或具体／抽象思维；对熵和线性时间的强调等。

5. 功能失调的意义图式可能是由扭曲的社会语言前提引起的，包括特定意识形态、规定的规范和角色、文化和语言符号、语言游戏、二次社会化产生的角色期望、原型、预期的互动场景，以及有选择地构建经验的哲学和理论。

6. 心理扭曲是由于儿童时期在创伤环境下因父母禁令而产生的焦虑所引起的。这些扭曲表现为"失去"的成人功能（成熟的感觉和行为方式），这些功能被抑制、心理防御机制和神经质需求所阻碍。扭曲假设表明，以禁令所禁止的方式去感受或行动将导致灾难，尽管这种期望在成年后通常是不现实的。

第六章　视角质变：学习如何导致质变？

本章探讨了视角质变的发展和动态，并回顾了涉及这一概念的相关研究。本章将展示各学科的众多学者如何从不同的角度来识别并分析成人学习和发展的现象。我们将在他们的研究结果中看到显著的相似性，这代表了质变理论的研究基础。前几章将视角质变的过程置于成人学习的背景之下，本章则将其置于成人发展的背景中，并且还讨论了集体质变。

第一节　意义视角和批判性反思的发展

本节将研究早期成人发展中为成年人获得批判性反思能力奠定基础的因素。本节还将定义和讨论一些核心概念，诸如认知结构的发展以及去中心化、符号化、自我意识、知觉意识、角色和视角的把握、归类和假设等发展过程。

随着成熟，我们通过发展和完善意义图式和视角来提高预测现实的能力，以便更有效地利用它们来区分和整合经验。经验通过加强对事情以及对特定语言游戏规则适用的环境的期望来强化个人类别系统。然而，实际经历的仍然是由特定刺激引起的类别，而不是现实世界中的事件。也就是说，我们用类别体系来建构了一个世界模型，期待某种关系和行为的发生，然后体验类别，进行富有想象力的预测来解释经验。

杰罗姆·布鲁纳（1957）认为智力发展的普遍方向是从动作（通过知道如何做而产生认知）转向符号表征，这主要涉及语言的使用，确切地说是形成和转换命题的规则，不仅可以表述"什么是……"，也可以表述"什么不是……"和"什么可能是……"的问题。要区分心理反应和外部事件，就需要发展自我意识能力。自我意识是根据不同的标准或观点开发对相同刺激分类能力的前提。通过符号表征，可以与自己对话，并在想象中建构另一种类型的视角。

概念发展的过程助长了将具有共同属性的事物组合在一起的趋势（上级分组），不再是在另一种方式下将主要相适应的事物组合在一起的早期模式。例如，在一个故事中，叙事形式将相关的思想进行组合，以使所讲述的故事连贯一致，而不是对某些相似的特征进行分类。"从早先分组模式到后来分组模式的转变是受'自我中心主义'的影响。事物之所以相似，是因为'我'或'你'与它们之间有相关性，或者'我'或'你'对它们采取了行动"（布鲁纳，1973）。

文化可以阻碍或促进自我意识和符号表征能力的发展。因此，传统社会的学校教育可以通过培养儿童以及文盲成年人所必需的自我意识，来区分他们自己对某一事物的想法或描述，从而产生非常特殊的影响，这涉及个人主体性的培养。

布鲁纳和其他学者发现，各种文化在鼓励以个人与事物的互动来表达事物功能的程度有所不同。有些文化重视自力更生，并抑制个人主义的表达。如塞内加尔的沃洛夫人和安克雷奇的因纽特人，他们的孩子不太可能将自己与他人和物质世界区分开来，自我意识较弱，因此对自己的重视程度较低。

布鲁纳对皮亚杰"去中心化"概念的研究阐明了批判性反思的病因学。在 Piaget 的理论中，去中心化是指以自我为中心的认知立场被更"客观"的立场所取代，以调和概念图式和实证经验之间的不协调。皮亚杰的平衡理论提出，认知结构通过解决现有形式无法解决的矛盾，产生更高级更稳定的形式（皮亚杰，1967）。质变理论强调，人们在成年后进行批判性反思，通过转变意义图式和视角，有意识地去解决这些矛盾，从而有利于人们的思维转向更高级的概念结构。

据发现，语言中使用的一些文化维度会影响去中心化的能力。与中产阶级的孩子相比，下层阶级的孩子更难实现去中心化（布鲁纳，1973）。中产阶级儿童通常更倾向于把语言作为解决抽象问题和"去情境化"的分析和合成工具。这一重要术语是指使用语言时不依赖共同的感知或行动，人能够独立于说话人的观点来构思信息并能与日常经验之外的人交流，而不管他们的归属或所在地。布鲁纳在观察不同班级的孩子们在语言使用上的差异时，说："除了日常观察，我不知道成年人之间的差异是否更大，但我的印象是，英国大律师和码头工人在去情境化方面的差异比他们孩子之间的差异更大。"

从布鲁纳的研究结果中得出的一个必要推论是，如果某些成人文化确实不鼓励他们的孩子发展去中心化、去情境化和身份认同所必需的自我意识，那么，上述这些对孩子们的要求和随之而来的限制，事实上必然会出现在成年人身上。此外，有理由相信，这种情况不仅适用于某些地方的大多数人，而且也适用于大多数地方的某些人。

对认知结构发展的另一种解释是阿多诺的"否定辩证法"（布克·摩尔斯，1987）。阿多诺认为，发展包括实现认知的不稳定性，即意识结构和现实结构之间的不平衡。阿多诺所定义的批判方法通过强调词语和事物假定身份背后的矛盾性，在思维中创造一种不平衡。这种方法强调，一个事物被概念化的方式并不是真正的自然产物，而是一个特定社会结构的历史产物。阿多诺强调的重点与质变理论相一致，该理论认为质变学习过程是一个有意识的过程，它从一个困境开始，并作为曲解的假设向前推进，其意义结构通过批判性反思而发生质变。

梅洛·庞蒂认为婴儿期存在一种前认知知觉意识。根据他的理论，儿童在身体和感觉上以自我为中心，构成了一个基本的存在意识，梅洛·庞蒂将其视为自我反思的基础。格林尼（1975）指出：

如果梅洛·庞蒂是对的，对理性的探索确实是基于原始或知觉意识，那么个体可能会从根本上意识到"现实"的结构取决于所观察的视角，因此大多数实现的秩序是不稳定的，随时可能倒塌。换言之，无序不断地侵入，无意义是不断地挑战曾经被划界的领域。学习是在一个突然变得陌生的地方进行定向或重新定向的模式。

格林尼的观察与赫伦（1988）的观察相当一致，后者将人类囊括尚未确定的技能以便评估通常参照系之外的经验归因于前语言表象解释通过我所认定的直觉对在命题解释上的努力的监控作用。赫伦对表象和命题解释的区分对质变理论很重要（见第一章）。

社会学家已经认识到，互动能力的实现，即参与日益复杂的行动系统的能力，是认同感形成的核心（多伯特，哈贝马斯 & 南温·克勒，1987）。从认知角度来看，这被理解为是通过角色采择阶段逐渐减少幼稚的自我中心主义的一个方面。塞尔曼（多伯特，哈贝马斯 & 南温·克勒，1987）区分了角色采择的三个阶段。在第一阶段，儿童认识到他人对相同的信息有不同的看法，从而区分不同的观点和解释，其中包括动机、想法、意图和感觉。儿童一次只能处理一个不同的观念。在第二阶段，儿童能够考虑他人的观点来理解自己的意图和行为，从而使相互的观点成为可能。在第三阶段，互动者不仅可以采择对方的观点，而且可以以旁观者的身份来学习自己的观点如何与其他人的观点相互影响。对于社会化的过程来说，这是一个重大的突破，因为现在可以让孩子从客观的群体成员角度来使相互的期望客观化，至此，儿童距离认识到角色行为受到"概化他人"期望的制约只有一步之遥。我们能够接受采择（假设）另一个人的观点来看待自己，以客观的旁观者身份来考虑自己和他人的观点，然后分析、比较、评价自己的观点，以形成反思性和自发的人际关系。

随着青春期形式运算的出现，我们也能够区分已制度化为行动动机的价值观规范性背景，并区分言论和对话中言语表达的规范性背景。正如第三章所指出的，理性论证——对话推理——对于假设思维是必要的，因为建立一个假设的真理需要给出理由。反射性距离可能涉及通过假设他人行为背后的假设来引导自己，或者通过主题化和系统地检查有问题的有效宣称。假设思维也允许对他人的选择进行假设，那么学习对命题提出的假设就是形式运算思维的特征。然而，将假设思维从命题转向行动规范又是另一回事，这也是角色采择向对话质变所必需的。质变理论认为，能够将假设思维转移到规范所依据的命题是一个独特的成人过程。

第二节 成人发展的视角质变

本节讨论了成人发展文献中对视角质变过程的处理，以及对成人发展过程或阶段的不同解释，讨论巴斯杰斯将成人发展视为辩证思维出现的观点，解释为什么视角质变可以被视为成人发展的中心过程，描述视角质变在人生决定中的作用，以及最后说明了某些老年认知功能研究与质变理论的相关性。

一、成人发展的过程

对于什么是发展进步，理论界几乎没有达成共识。在一些理论家看来，比如埃里克森、古尔德以及莱文森，这是指在生命周期中对与年龄相关的现实做出反应时自我的一种新姿态或重新建构。另外一些学者，如瓦利恩特，认为这是一种适应成熟现实的自我防御，替代了在童年时期被证明有效的不成熟防御。费弗尔（1982）、卡根（1980）和库恩（1983）曾质疑人类认知发展是否以阶段性的方式进步（布兰查德·菲尔德，1989）。他们认为，成年后可能存在可预测的、有序的经验序列，而不是包容、共享的内部或外部结构。另一些人认为发展阶段的概念是资本主义意识形态（李奇曼，1987），还有一些人认为，看似发展的行为变化只是对不断变化的环境作出的新反应，这些反应一直存在，但以前从未被需要过。布罗顿认为，将个体置于特定发展阶段的努力假设推理与特定任务相对独立。他声称，这个未必正确的论断导致人们试图建立固定的认知结构，这种结构既忽视历史又忽视个人实践的作用（布兰查德·菲尔兹，1989）。

许多社会学家，特别是民族方法学家，拒绝将社会化视为通向成熟的不可阻挡的发展概念。费斯克和佩林未能找到广泛共享的心理社会或心理阶段（贝埃，1987）。他们指出，儿童的社会世界，或任何被指定为处于较低发展阶段的人的社会世界，所涉及的文化就其自身而言是完全有意义的。在他们看来，变化是文化接触的结果，而不是发展到更高阶段的结果。处于相对较低发展阶段的儿童或其他人被简单地视为文化中的陌生人（马斯格罗夫，1977）。

古尔德（1978）评论说，阶段理论的共性是一组新的事实（即一个阶段）引起行为模式的改变，这可能会引起混乱和冲突，正如我们所看到的，这可能是曲解的认知、社会语言或心理预设（包括抑制、防御或性格模式）的结果。

如前所述，质变理论认为成年后的发展进程不遵循明确的步骤或阶段，尽管基奇纳和金对反思性判断阶段发展的研究（见第五章）确实表明成人在学习接受理性的对话作为解决问题模式方面的准备程度不同，但这些程度与年龄和教育有很大关系。

质变学习的阶段不是不变的发展阶段。斯洛（1986）提出的"意义阶段"的概念可能是理解它们的最佳方式。虽然容易被分散注意力和自欺欺人，但质变学习的过程一旦完成就不可逆转。也就是说，一旦理解得到澄清，并且完全致力于采取它所建议的行动，我们就不会倒退到理解力较低的水平。然而，达到充分理解和付诸行动可能是极其困难的，许多人确实因没有实现这点而发生倒退了。

二、辩证思维的发展

迈克尔·巴斯杰斯从辩证思维传统方式的出现来探讨成人的发展。他认为辩证思维是认知成熟的一个重要因素，这可能在青春期晚期和成年期实现。正如我们看到的巴斯杰斯对辩证思维的定义包括视角质变。

巴斯杰斯（1984）将辩证法定义为"通过构成关系和互动关系发生的发展性质变（即通过形式的发展运动）"。形式指的是认知结构，我们称之为意义图式和视角。辩证思维是指一种认知功能模式，由（a）关于变化普遍性的一系列假设和（b）将变化概念化为系统内矛盾的出现的方式组织，从而构建一个新的、更具包容性的系统。辩证思维"引起思维的创造性活动决定了结构的使用，而不是让思维由结构强加的静止状态的需求决定"。

巴斯杰斯从他认为关于辩证思维的文献综述中，确定了24种"图式"或"思维运动"。这些都是由"辩证法的基本模式"组织起来的，我把它解释为质变学习的推理逻辑。

巴斯杰斯的图式可以描述对现象进行辩证分析的步骤，即将辩证视角引入到探究过程的方法，或者在自己的思想中保持辩证运动的方法。在思考质变时，我们对后一个功能特别感兴趣。巴斯杰斯将他的图式分为运动导向、形式导向、关系导向或元形式。元形式图式与质变学习尤其相关。它们预设了在更大的组织形式（这里是指视角）背景下理解特定现象的能力，并描述了将这些形式或视角相互关联的方式。

巴斯杰斯描述了九个元形式图式（后面中括号里的是我的评论）：

1. 系统（形式）内或系统（形式）与系统（形式）结构对立的外力或元素之间的矛盾或不平衡源的位置（或出现过程的描述）。【确定迷茫窘境】

2. 从发展方向质变的观念来理解不平衡或矛盾的解决。【认识到转向另一种视角就是朝着一种更具包容性、鉴别性和整合性的方式来解释现实】

3. 将价值与（a）发展方向的运动和 / 或（b）通过发展运动的稳定性相关联。【在反思性批判和行动的过程中做出价值判断以向前迈进，这也可能与采取反思行动的意动层面有关，即愿意自己根据反思的洞察力采取行动】

4. 形式（系统）的评价性比较。【不同视角理由的比较分析】

5. 关注相关协调系统（形式）问题。【将新的意义视角与一个人更大的意义视角体系，即一个人的"生活世界"相关联】

6. 描述开放的自我质变系统。【将学习过程视为对能够改变人们看待现实方式新视角的评估持开放态度】

7. 描述由于形式内的量变而导致的质变。【例如，通过看几个例子——共享视角的他人与自己解释现实的差异——来归纳识别新的意义视角】

8. 形式与内容相互依存的形式主义批判。【从理论与实践脱节的角度批判旧意义视角】

9. 将视角多元化作为一种保持包容性的具体方法。【对所有现有视角进行比较评估，将理论与实践联系起来，将抽象与具体情况联系起来】

巴斯杰斯还确定了比较形式的标准（意义视角）：

1. 他们的平衡水平（包容性、鉴别性和整合性）；

2. 他们对发展的贡献潜力；

3. 他们易与其他形式协调的特性，通过发展变化使其稳定；

4. 它们的实用价值；

5. 它们与"主形"的一致性（上级意义视角）。

三、将视角质变视为发展

在许多研究中，包括我自己的研究（马济洛，1978）中提出的一个基本观点是，质变可以引导视角向一个更具包容性、鉴别性、渗透性和综合性的方向发展，而且只要有可能，我们都会自然而然地朝着这样一个方向发展，这就是成年后的发展。应该清楚的是，将视角质变称为成人发展的核心过程有充分理由。

许多发展心理学家都提出了与理解视角质变在发展中的重要性直接相关的观点。例如，佩瑞（1970）发现，年轻人最终接受了多种知性视角的内在相对性，从而发现现实的排序不是从一个角度，而是从多个角度来进行的。阿林（1975）发现的证据表明，批判性反思的"问题发现"或问题提出明显是认知发展的成人阶段。理查兹和科蒙（科蒙、理查兹、艾蒙，1984）假设了一个最终的后正式阶段称为"交叉范式操作"，在此阶段，成年人获得了将看似独立的观点联系起来的能力。布罗顿（1977）说，"理论自觉"只出现在成年期。基奇纳和金确定了我们在第五章（迈因斯、基奇纳，1986）中描述的成人反思性判断的发展步骤。正如刚才看到的，巴斯杰斯（1984）分析了成年期辩证思维的独特性，所有这些分析和发现都与质变理论高度一致。然而，古塞拉·拉伯非·费弗（1984）的作品最明确地确定了视角质变在成人发展中的核心作用。

拉伯非·费弗将发展分为两个阶段。第一阶段是出生到青春期之间。它包括"某些生物自动机的解码和文化自动机的双边编码"。这个过程提供了初步稳定的结构和自主意识。

青春期后开始的第二个发展阶段，迫使个体重新审视这些结构，并质疑其背后的文化符号假设。"这种质疑引发了对文化环境更全面的解读，并逐渐从文化所强加的规则中分化出来，"拉伯非－费弗解释道。这一阶段带来的影响是，一个人会把自己早期的自主意识重新解释为仅仅是为了满足社会期望。自主性不仅仅是拒绝人际依赖，而且需要成为审视对一个人的思想和行为关系约束的产物。"依靠自己，实现行动、符号和抽象形式的相互作用，打破人们的思维惯性，有意识地利用这种多模式组织实现以退为进，所有这些似乎都标志着自主性的实现。"拉伯非－费弗指出，这种新的组织模式，强调打破而不是延续范式，已经得到黑格尔等研究人员的重视，他们关注生命周期心理学中的辩证思维。

同时包括其他人，如格鲁伯和凯斯特勒，他们关注的是科学创造力。

心理学家发现，自主性危机的过渡和视角质变的转换需要35年到55年，其持续时间可能从5年到20年不等。许多人未能成功地应对这场危机，并以僵化和高度防御的思维模式进入成年期。

对更超前意义视角的检验不仅在于它更具包容性、鉴别性和经验的整合性，而且还在于它能渗透（兼容）其他视角，从而使包容性、鉴别性和整合性不断提高。

向更具进步性的意义视角转变，需要在质变学习过程的每个阶段做出决定。

四、人生决策中的视角质变

托德·斯洛向人文主义心理学家提出了挑战，让我们相信心理成长可归因于"自然"力量。他对成人做出重大人生决定的叙述做了独特研究，并为他的观点提供了强有力的证据。与人文心理学家相反，他认为这种成长源于自我反思和互动的经验。他指出，"依赖于自然内在成长过程的人，往往会在过渡期中有成瘾、受虐或自杀的倾向"（1986）。

斯洛指出，布拉默和阿布雷戈（1981）人生转折的每个阶段都代表着一种决策和应对方式。这些阶段包括（1）震惊和僵持；（2）否认；（3）抑郁；（4）放弃；（5）测试选项；（6）寻找意义；（7）整合。这些与我们在重返大学研究中确定的视角质变阶段非常相似（马济洛，1975）。

斯洛发现，决策过程不只是已做出决策的意识体验，决策的后果以及做出决策的原因对决策的意义有着相同的影响。最初想要做出改变的决策可能会将一个区域排除，以便稍后由其他决策来填充。所以说这些决策实际上表明了初始决策的意图。正如斯洛所说，"第一阶段只是宣布，我将为此而努力！"或者"不会再这样了！"而转折阶段则有助于找到问题的答案，在此期间将会思考"现在怎么办"。一些实现质变的意图只有在初始承诺应验后才会显现。

斯洛将布拉默和阿布雷戈的转折阶段解释为使意义在决策过程中更加明确的阶段。第一步,震惊和僵持,与其理解为是引导做出决策的感受,不如说是指事后对自己刚刚承诺的事情感到惊讶的感觉。这些感觉可能包括兴高采烈、绝望,或两者兼而有之。否认来自于对潜在的因损失而产生的冲突压制,破坏源于这种否认和对重要关系感到害怕的抑郁,以及某些问题不会因改变而得到缓解。"放弃"与"一种对被抛诸脑后或被拖延的计划或关系方面的哀悼"相关。"测试选项"意味着要寻找替代品,为学习者可以自由随意地开启新关系或新项目提供共同基础。(然而,有些学习者为了避免再次犯相同的错误或因为害怕不熟悉的事物而避免参与新的活动。)

"寻找意义"即根据复杂的后果,对引起变化的情况进行解释。这些解释通常非常有限,而且常常是对"重建自尊、回避内疚、因损失惩罚自己或使不可避免的事情合理化"的补偿。转折过程的最后一个阶段"整合",即将计划、富有想象力的自我投射和对新生活方式的承诺结合起来。这种新的"生活结构"解释了促使人们决心做出改变的原因。Sloan 注意到人们在最后阶段所表现出不同的"构成风格"。例如,有些人在经历转折后与过去彻底决裂,而另一些人则试图维持或重建旧的联系模式,例如,有些人会立即寻求与教堂或公民组织的联系,类似于其迁往新城市后留下的联系。然而过度补偿是另一种风格,过度补偿者可能会从先前过分看重金钱到几乎无视金钱,或者从厌烦某事转变为为之殚精竭虑。另外,还有一种风格是恢复在质变过程中放弃的计划或关系。

尽管他们的风格不同,但所有完成了质变学习过程的人都会体验到重生的感觉,即新的开始。但不幸的是,这种感觉可能不会持久。斯洛指出,"前方的景象在过往经验基础上仍以理想化的形式发光。在新生活领域的门槛上,这一新的开始让人迷恋。但当它受到现实的冲击时,这种感觉就会随之消失。"史蒂芬·奇异曾写过,一些女性经历视角质变后在事业上取得了成功,却发现重生后又会再次被枷锁束缚。然而这种幻灭可能最终会再次引发视角质变。因此，这个过程可能会伴随成年人的一生。

五、老化视角质变

拉伯非·费弗和布兰查德·菲尔德（1982）提出了与质变理论相一致的认知老化模型。他们进行的研究，包括对主流研究的评论，以及对大量支持性研究的综述表明，事实上在老年化过程中，认知能力出现明显衰退和缺陷是基于以青年为中心的模型和研究方法的研究结果，然而这些模型和研究方法并没有认识到老年人可能表现出与青年人在性质上不同的认知功能模式。例如，成年后期的稳重可能被误认为是死板。

这种认知功能上的差异——可能是成年中期不断发展的视角质变的结果——包括对社会背景或问题维度更深刻的认识以及对前提更为关注的分析。在分析任务情境时，如果对心理因素、个人和社会目标有更深入的认识，那么逻辑和情感的整合程度将会更高。作者说，老年人的"编码模式转向了要旨、社会评价和明确的自我参照等维度"，其结果是达到一个更成熟的认知分化水平，作者将其描述为自主、社会导向和辩证的推理模式。老化并不总是涉及这些发展性质变，但它可以被恰当地理解为"一个潜在的适应过程"。

拉伯非·费弗总结了成年前期和成年后期的认知差异：

年轻人关注命题的逻辑和语义表面关系。他们将信息单元隔离开来，就好像它们是抽象实体一样，而不会探究这些命题中潜在的心理复杂性。他们衡量价值后接受任务，执行任务是出于对权威的遵从，而寻求的结果是"正确的"解决方案。相比之下，老年人则从整个系统出发，兼顾社会和个人目标，以评估任务结构。表面上看，老年人在后一种活动中与儿童相似，但与儿童不同的是，他们能意识到造成逻辑歧义的心理矛盾。（1984）

我们在第一章中指出，记忆似乎有几种。神经学家托尔文（1989）发现了区分情景记忆和语义记忆的证据。情景记忆是指对个人事件的记忆和回忆，语义记忆是对客观事实的认识和回忆。心理学家还发现，内隐记忆是人们自动练习的技能，比如骑自行车。如前所述，没有证据表明语义记忆和内隐记忆随着年龄的增长而下降。在 70 多岁的老人身上观察到的情景记忆的衰退似乎是情境变量（比如退休，在这种情况下，人们可能不再像以前那样经常锻炼智力）而不是衰老本身造成的。心理学家认为，老年人会使用语义记忆来记忆久远的事件，但却依靠衰退的情境记忆来记忆最近发生的事件。老年人的学习方式与年轻时相同，但他们可能不会像年轻时那样记得以前在什么地方或什么时候学到了某件事（戈尔曼，1990）。

第三节　视角质变的理论综述

本节与接下来的两节分析了众多研究者讨论过的视角质变过程，将从视角质变过程的不同阶段及其动态（不同阶段如何排序以及如何随时间交互作用）展开描述。本节描述了从几个不同的理论观点探讨视角质变的研究。

正如我们所指出的，质变理论并不是关于一个阶段的理论，它强调了成年后将反思作为意向性功能的重要性，并通过能力和经验的增长来推动它的进步，教育可能对此有显著影响。质变学习意味着人们对自己的信念和感受有更高层次的认识，对假设尤其是前提进行批判，对其他观点进行评估，以决定否定旧视角而选择新视角，或者综合新旧视角，具备基于新视角采取行动的能力，以及试图将新视角融入生活更广阔的情境里。视角质变需具备（a）一种增强的自我意识，（b）对一个人的社会关系和文化是如何塑造其信念和情感的抱有更具批判性的理解，以及（c）支持行动的更多功能性策略和资源。采取行动是质变学习不可或缺的一个方面。

一、生活世界：现象学观点

现象学家使用生活世界的概念（见第一章）来指代在传统乡村社会中普遍存在的范式或集体持有的社会语言意义视角。丹尼·维尔德梅尔施和沃尔特·利曼（1988）将生活世界这一概念应用于质变学习。他们将以下因素归因于生活世界：使人们能够毫无疑问地执行日常活动的常规行为；与这些行为相容的默契愿望；由这些行为和愿望产生的文化上可接受的实施手段；以及主要的社会目标和使行为和愿望正当化的文化价值观。

质变的发展分为三个阶段：不言而喻的生活世界、受威胁的生活世界和转变后的生活世界。每个阶段都有自身独特的对话。

"叙事对话"讲述了一个故事或描述了一个行为，通过确认和重申主观和客观的社会现实，使行为显得真实合理，不仅体现了人际交往的特点，而且赋予生活世界不言而喻的特征。我们定义个人现实的方式和与社会结构相关的主流文化定义是相辅相成的。因此，这种对话是不言而喻的生活世界的特征。

受威胁的生活世界涉及质变理论中所描述的困境，尤其是与生命转折相关的困境类型，会出现这样一种情况，即与焦虑相关的矛盾——所产生的困境也就是研究质变理论的作家们所称的"显性情境矛盾"——会显现出来。这些作者认为在这个阶段，他们需要"交易性对话"，即对其他观点的证据和与论据的理性分析。维尔德梅尔施和利曼说，学习者是回到过去已被接受的愿望和行为中去，还是继续探索新的视角以及倡议"取决于背景因素、自传体前因、性别、种族和阶级差异或教育因素"和"与教育过程有关的社会学因素"。他们没有详细说明这一启发性的观察。

在质变后的生活世界中，第三种对话是显而易见的，即"话语式对话"（我们称之为批判性对话），它涉及"有意识地探索问题情境与其他地方和其他主题相关的类似问题之间的关系"。处于质变发展最后阶段的人将个人问题和冲突从本质上视为是结构性的，也就是说能够进行反思。正如我们在第四章中看到的，反思意味着能够从理论的角度识别和解释不同视角。质变过程中最后阶段的特征具有理性和动机维度。维尔德梅尔施和利曼提到了"能力动机"：学习者通过从先前经验中获得的个人能力感来激励自身，向质变的更高阶段发展，这使他们能够克服依赖感和无力感，并继续为了向前发展而努力。这会产生一种新的行为模式，这种模式以反思为指导，以交易性和话语式对话为基础。该模式中的行为或愿望的改变可能是局部的。在最后阶段之后，学习者将会求助于一种新型的"自我证明"，使他们能够在日常常规情况下正常运作。

二、质变逻辑与定向进化

詹姆士·洛德（1981）的著作第一章提到了这一点，他断言存在一种普遍的质变逻辑，即"认知事件的语法"。它表明学习存在已知事物和尚待被理解事物之间的冲突。用质变理论的语言来说，首先冲突是迷茫窘境的结果。接下来是一段时间不确定的扫描间隔；第三步则是想象的建构行为，这是一种直觉洞察力，通过它破裂情境的元素会发生质变，学习者获得一种新的感知、视角或世界观；接下来是释放和开放；第五步是通过阐明联系和寻求共识，将对富有想象力的解决方案的解释融入原始情境中。

学习者想要完成认知、创造意义（行为方式）等行为的动机使这一过程具有连续性。洛德认为动机是一种紧张状态，从过去、现在到未来，不断地完成自我延伸。

洛德认为，质变逻辑提供了支配人类发展阶段之间转折过程的模式。我们大部分时间都花在发展过程的转折阶段。他描述了定向进化的概念，

"一个活的有机体、人格、社会或符号系统在相对无视环境约束的情况下朝着确定方向发展的趋势"，这是生物学研究人员在每个细胞、组织和有机体的发展中发现的占主导地位的过程。洛德认为定向进化遵循质变逻辑。

定向进化追求全面总体均衡，可应用于各发展阶段，无论是道德的、伦理的、认知的、智力的、与反思性判断有关的，还是与自我有关的。洛德将定向进化阶段描述为从分化开始，在这一阶段中，环境需求和新兴的有机潜能需要更高水平的整合和管理复杂性的能力。这个阶段之后是一个规范时期，在这个时期，有机体或人格会向规范和成熟的过程发展。例如，新生婴儿在抓握、吮吸和手眼协调等过程中有所发展，每个过程都遵循自己的发展进度。所有这些过程会在下一个发展阶段进行融合，即整合阶段。每次新的整合都会产生两个结果："（1）它更有效地利用能量。例如,能量无须不断被消耗以寻找值得信赖的行为模式,相反,能量可以作为投资投入到新的探索中;（2）它自身会得到强化,也就是说,经过更好整合后的行为模式，其效率会自动获得适应性成功的回报。"

定向进化（亦可表述为质变逻辑）控制着各发展阶段间的进化过程。洛德总结道："这是新生活的模式，通过它，我们可以使无序的事物变得有意义；构建各阶段的过程以及固定或稳定秩序的动态秩序"。

我们已了解到，质变理论主张质变学习，包括扫描、解释、培养富有想象力的洞察力和诠释的过程，所有这些过程都由一系列行为方式指导，并由意义视角选择性地进行预处理，但增加了反思和效度测试的质变过程。定向进化的影响说明了为什么持续不断地朝着创造和转变经验意义的方向前进，以及为什么不能容忍某领域的意义仍为空白的情况。

维尔德梅尔施和利曼借助现象学语言关注不言而喻的生活世界、受威胁的生活世界和转变后的生活世界这三个阶段在对话中的差异，他们的观点为质变过程提供了社会学解释。不同的是，洛德从内化行为的角度对质变过程进行分析。这些定位不同的解释为质变学习过程提供了有价值且可比较的观点。

三、前批判、批判和后批判学习态度

菲利·马林斯在宗教研究课上对学生进行了研究，他提出了在前批判和批判之后可能出现"后批判"学习态度。根据 Mullins 的说法，前批判的学习者担心看似已经解决的问题最终可能会被发现是未解决的问题，从而将新想法视为潜在的威胁而不是机遇。他们把自己以外的传统视为外来和误导性的，认为不同的信念体系令人兴奋或震惊，但它们确实是"人类"世界的一部分。他们只从强烈的个人视角思考宗教现象。这类学习者倾向于具体而非抽象地思考，阅读书籍时不考虑书中特定的社会、政治、历史或技术背景，难以理解诸如不同观点或宗教的比较等理论概念。

持批判态度的学习者"已经内化了与读写文化相关的基本假设和思维模式"。他们对写作和阅读的精力投入培养了他们抽象、内在和个性品质的发展。他们不再把文字视为话语中自发产生意义的口头事件，而是将其视为需要仔细解读的视觉符号。他们认为要发现真理、质疑和怀疑是必不可少的。这些学习者认为宗教是一种可以用超然的眼光来研究的社会现象。他们通过将文本与社会世界联系起来进行批判性阅读的方式，将意义视为历史的特殊功能。

在后批判学习态度下，学习者"恢复了支配前批判思维的个人情感"，这一阶段的学习者认为信念是日常生活的基础。对他们来说，"信念既是个人的，也是共同的事实，对于像人类这样具有复杂的符号权力的生物来说，它是人类的一个不可避免和广为接受的生活基础。后批判性学生不仅能够认识到这种哲学洞察力，而且还能够意识到，这种洞察力在其自身寻求自我理解方面的适用性。也就是说，他们从事的是以信念为引导努力寻求进一步理解的活动。"

有趣的是，马拉斯的表述与弗雷尔的意识水平以及基奇纳 和金提出

的批判性判断的发展模型是相对应的（见第五章）。即使在差异显著的文化背景下，对从前反思态度转向后反思态度的这些不同描述也并没有内在矛盾。

四、质变中的辨别力——基于荣格的观点

罗伯特·博伊德和考德·迈尔斯（1988）借鉴 Jung 的理论从不同的维度来理解个人质变。他们侧重的是前语言和超理性的意义来源，即第一章中提到的用于表象解释的来源。这个理论观点认为自性由自我、原型（位于集体无意识中的本能和原型）、阴影（非我们所选的人格结构或身份，可以通过梦境、侵入性的思想、冥想，有时甚至是想象来进入）、男人的女性化（即男性中的女性意向和女性中的男性意向，它们对于其在个人生活中发挥的作用能被认可的许多个人质变很重要）及人格面具（即人在公共场合中表现出来的人格，自我必须避免它，这样自我才能有意识地决定使用或不使用它）等组成。

博伊德和迈尔斯指出，质变不仅仅是理性的，除了理性学习还应具有辨别力，这涉及我称之为"表象意识"的发展。辨别力会产生一种深思熟虑的见解，即"通过把事物放在一起并观察它们的整体关系而获得的个人启示"，以及我们自己和世界之间的融合。辨别力由三个活动组成：对符号、图像、男人的女性化、人格面具、原型结构的接受或开放；认可，即意识到体验是真实的，即与内在历史密切相关；悲伤，即"对此时需要关注的超理性信息进行一种'回击'"。悲伤反过来，有四个阶段：麻木和恐慌，痛苦和抗议，瓦解和绝望，重新稳定和重新整合。

根据这些作者的观点，质变性教育的基本问题在于学习者是否正在学习发展：（1）自我与自性的其他组成部分之间的对话；（2）对文化符号影响其生活方式的认识和理解；（3）对符号和符号化过程的认识和理解。博伊德和迈尔斯认为，质变性教育者的基本修养之一是能为学习者提供经验丰富的指导，以帮助他们建立内心对话，其次是对学习者进行

富有同情心的批判，帮助他们质疑自己目前看待现实的方式，并进入辨别的过程。

正如这些作者所解释的那样，荣格的观点，代表了本书中提出的从意义视角解释心理扭曲的另一种方法。当然，这也是对本书观点的补充，强调了表象意识的重要性和自性在质变学习中的中心地位。

第四节　质变过程概述

我的研究（马济洛，1978）和他人的研究表明，尽管通过反思来改变意义图式（特定的信念、态度和情感反应）是日常发生的事情，但它并不一定包括自我反思，我们常常只是纠正自己的解释。另一方面，意义视角质变发生的频率较低，更可能涉及自我意识，并且总是涉及以维持期望结构为曲解前提的批判性反思。视角质变是一个批判性地意识到假设是如何以及为什么会限制我们对世界的感知、理解和感受的过程；进而用来改变这些习惯性期望的结构，使一个更具包容性、鉴别性和整合性的视角成为可能；最后，根据这些新的理解做出选择或采取行动。

视角质变的实现可以借助一系列困境产生的质变意义图式的积累，也可以借助对外部强加的划时代困境的回应，如死亡、疾病、分居或离婚、子女分离、错失或获得升职机会、未通过重要考试，或者退休。质变过程始于令人迷惑的困境，这些困境也可能源于令人大开眼界的讨论、书籍、诗歌或绘画，或是由于我们试图去理解不同的文化习俗，而它们与先前接受的预设相矛盾，对已建立的视角引起的任何重大挑战都可能导致质变。这些挑战是令人痛苦的，它们经常质疑根深蒂固的个人价值观，并威胁到自我意识。

一、质变的阶段

我对那些在休学后重返大学，参加专门复学计划的女性进行了全国性研究（马济洛，1975）。该研究表明，个人质变的过程包括十个阶段。在这项研究中，我和我的同事对纽约、新泽西、加利福尼亚和华盛顿12个项目中的83名女性进行了结构化访谈，采访了50名该项目的校友，以及在另外24个校园中实施这些项目，并访谈项目的专业人士。我们从实地调查中归纳性地描绘了视角质变的概念。视角质变的阶段如下：

1. 迷茫窘境。

2. 带有内疚感或羞愧感的自我反省。

3. 对认知、社会文化或心理假设的批判性评估。

4. 认识到质变过程避免不了自己的质疑，以及他人对这种类似的改变也发挥了作用。

5. 探索新角色、新关系和新行动的选择。

6. 规划行动方案。

7. 获得执行计划所需的知识和技能。

8. 临时尝试新角色。

9. 在新角色和新关系中建立能力和自信。

10. 根据自己的新视角所规定的状况重新融入自己的生活中。

乔伊斯·摩根（1987）随后在研究中证实了这些阶段，他研究了30名流离失所的家庭主妇，并参与了专门为她们设计的大学课程。这些家庭主妇中，有与丈夫分居或离婚，也有遭遇了配偶死亡的。摩根将这个群体的特殊转折阶段描述为"震惊和毁灭、痛苦和排斥、僵持和抑郁、获得信心、探索选择、制定决策和建立独立能力"的阶段。

这群女性在经历了批判性自我反思的内疚感和羞愧感后，经常求助于宗教寻求慰藉。然而，她们最终还是要依靠自己。摩根指出：对于大多数经历了视角转变的女性来说，发生了以下主要的信念转变：

将个人身份与角色、关系分开，对自己负责，认识到完全依赖的负面影响，认识到思考与行动方式有多种选择，认识到独处的好处，将与男人的关系视为额外的美好而不是幸福的必要条件，认为离婚是可以接受的，理解拥有一段成为妻子和母亲的关系并不排除拥有一份职业。

威廉姆斯（1986）进行了一项实证研究，以确定视角质变是否有助于解释对配偶虐待行为发展的过程，以及理解和促进这种行为的改变。威廉姆斯研究了 25 名选择虐待妻子的男性，他们被纳入了一个为期 12 周的教育计划，旨在认识和促进视角质变的过程。后测包括受理和退出访谈，以及在项目前后和 12 周后实施的五种自我报告工具，以衡量被认为与视角质变相关的结果：罗斯堡的自尊量表、冲突策略量表、罗特控制源量表，角色偏好指数和配偶虐待指数。一名治疗师和三名研究人员根据重返大学的研究中提及的十个阶段标准，按照从低到高的视角质转换的 7 分量表，对完成该计划的每个人的录音访谈进行了独立评分。

评分者之间的相关性很高。早期研究中确定的大多数阶段也存在于这一人群中，并且还发现视角质变评分在对受访对象变化的洞察力方面比其他测量方法更有价值。旨在促进视角质变的教育计划减少了受试者的虐待行为，并且"那些经历过视角质变的人在减少他们的身体虐待行为方面发生了最大的改变。可见，意义视角的改变确实与行为的改变有着显著的相关性"。威廉姆斯的结论是，视角质变理论"在解释虐待行为变化过程以及设计促进改变的治疗方案方面是可行的"。

艾拉·凯瑟琳·亨特（1980）研究了一种由于健康不佳而发生的视角质变。她发现了一种转变模式，包括以下各阶段：（1）对健康食品的兴趣；（2）否认接近危机程度的严重问题；（3）承认存在严重的生命危机；（4）准备采取重大行动来处理危机；（5）关键的变化时期；（6）对生活满意的时期；（7）精神发展。最活跃和最迅速的转变时期被视为对极具威胁性的局势的反应，这种局势一直被否认，直到其潜在的破坏性势不可挡。参与者被迫忍受转变带来的痛苦和逆境，以应对尚未解决的困难。最终，他们成功地克服了迫在眉睫的危机，并因所做的改变而感到满意。

马济洛、摩根、威廉姆斯和亨特的研究都证明了视角质变对学习者的困难，以及在质变学习中观察到的艰难的协商、妥协、拖延、倒退、自欺欺人和失败。在重返大学的研究中，我们发现这种行为在以下两种情况下是常见的。一种是在开始阶段，即当学习者将他们的原有观念、价值观和秩序感，以及他们对这些假设的感觉进行批判性分析时。另一种情况是在逻辑上，反思性行为应具有洞察力，但它极具威胁性和挑战性，以至于学习者无力实现。这是质变学习过程中的一个关键点，此时，意动发挥着特定的作用。仅仅从理智上理解改变行为方式的必要性是不够的，一个人还需要情感力量和意志力才能向前迈进。质变过程中的倒退可以溯源于学习者获得的一种洞察力，这种洞察力会导致意义图式的质变。随着时间的推移，可能会导致意义视角的变化，但此时的视角会与先前的意义视角发生冲突，并被其击败，此时学习者就无法根据他们的新见解采取行动。受新意义视角启发的行为所带来的威胁力量取决于威胁的性质和启动该过程的迷茫困境的紧迫性，以及学习者如何有效地将所学的有关认知、社会文化和影响其理解方式的精神力量等方面的知识个人化并融入其经验中。

意义图式和视角之间的冲突会导致自欺欺人和神经症（夏皮罗，1989）。罗伯塔，一位 38 岁的女性，在重返大学的研究中戏剧性地说明了自我欺骗会阻碍视角质变的进程：

在开始重返大学的计划后不久，为了找到大学或工作的方向，罗伯塔积极参与了一个由导师组织的意识提升小组。"我们简直疯了，那些曾被锁在内心如今宣泄出来的东西是如此令人痛苦，以至于我们都对倾诉对象哭了起来。"尽管这段经历让人感同身受，但是罗伯塔没能将她所学到的关于性别刻板印象和女性的常见问题个人化。虽然她通过掌握术语获得了一定程度的理解力，但她无法将这些见解融入自己的经验中。相反，她曲解了她所学的知识，并且试图来为自己无法采取行动找理由。

罗伯塔尝试过做志愿者，但最终放弃了；她开始上大学，但中途退学了。尽管她以前有担任秘书的经验，但即便她丈夫的生意失败了，她依然无法接受去寻找一份工作。罗伯塔根据她所学到的东西来为她的不作为辩护，"一个人不应该做别人期望他们做的事，而应该做自己想做的事"——即便这不算什么。（马济洛，1978）

二、质变模型

简·泰勒（1989）提出了质变学习过程的六步模型，并将其应用于案例研究的分析。以下是她的模型概要：

第一阶段：意识的产生。第一步：遭遇触发事件。第二步：面对现实。

第二阶段：意识的质变。第三步：到达质变点（a）决定转移对现实的看法；（b）以一种非有意识计划的方式"发生"戏剧性飞跃或质变。第四步：超越的质变或飞跃。

第三阶段：意识的整合。第五步：个人承诺。第六步：基础和发展。

泰勒观察到，触发事件可能是诸如自然灾害之类的毁灭性事件，也可能是个人剧变、意义系统之间令人不安的矛盾、外部社会事件或累积的内部变化。困境的最初对峙可能是自我诱导的（比如当作家参与写作行为，或者当学习产生艺术或发明作品时），也可能由生活环境引起，或由其他人诱导产生，如教育者或治疗师。

泰勒称之为"意识的产生"，这一阶段可以有多种形式。它可能源于一种意想不到的原始世界观，比如哥白尼革命；也可能源于有权势或魅力超凡的领袖所提倡的观点，如早期社会化或崇尚宗教或政治狂热。同样也可以是同化现实的结果，如在次级社会化中融入一个专业或学科。它可能源于对在文化圈、意识提升群体、班级等特殊环境中创造的意义视角的采用。最后，它也可以产生于在安全的"实践实验室"环境中"桥梁范式"的使用，例如 T 小组的环境，它可以对旧视角和新视角在日常情境中的应用进行调解。

第四步："超越的质变或飞跃"，意味着一种新视角超越旧视角的意识。这通常涉及突发的灵感，但也可以作为渐进的启示性意识发生。这种质变性体验，有各种不同的描述方式，如信念的飞跃、创造性的飞跃、情境的质变、变形、重建、重构或知觉的交替，导致更高的意识、个人力量行为、思考或决策的能力以及发展进步或解放。

第五步："个人承诺"。即对新视角做出承诺的决定：一种载有意图、目的和意志的行为。

第六步："基础和发展"指的是新视角的确认、应用、实施和扩展，包括新技能、新理解和新行为的发展。泰勒发现，在这个阶段，个人和群体的支持最重要。

第五节 特殊环境下的质变

许多研究者研究了特定环境下视角质变的过程。这些环境包括宗教群体、工作场所和一些特殊班级。尽管我们注意到了不同之处，但在所有环境下的质变过程都显示出基本的相似性。

一、响应边缘化的质变

虽然从意义图式的变化的角度来看，一个人的生活并不需要发生深刻的变化，也可以产生质变——研究与重大生命危机有关的质变，比研究渐进变化所产生的质变在方法论上更为可行。在其中一项研究中，英国社会学家弗兰克·马斯格罗夫对成人生活的深刻变化进行了七个民族志案例研究，以考察成人再社会化的过程（1977）。马斯格罗夫的重心是通过边缘化的体验来改变成年后的意识，因此他研究了进入不寻常、极端或不正常的生活角色的人群。他比较了这些人群的经验，如成年后失明的男女、患有无法治愈的身体残疾并被收容的人、个体艺术家、最近加入圣公会和苏菲公社的人、印度教克利须那派教徒以及自称是成年同性恋的人。所有这些角色都涉及边缘性，马斯格罗夫从现象学的角度将其定义为"从一个以前被认为是不言而喻的正常的、理所当然的、不需要进一步分析的立场上转变。向边缘地位的转变使人们对现实的三个基本要素产生了疑问：时间、典型性和预设（配方）知识。至少在第一次遇到它时，边缘情况，就会使时间、类型和配方式知识成为问题"。

马斯格罗夫的研究建立在人类学家玛丽·道格拉斯（1966）和威特·特纳（1974）提出的边缘性概念的基础上，尤其是基于知识社会学家皮特·伯杰（伯杰、卢克曼，1966）的研究成果。道格拉斯和特纳都研究了部落人民的阈限状态，他们把阈限人群定义为那些在社会生活主流之外，逃避特定社会既定分类的人。因为边缘或阈限人群不符合这些分类，他们会威胁到日常生活的世界，所以伯杰认为边缘化是可怕的，但他指出，这也可以实现解放和转变。他写道，"无论是在实践中还是在理论思想中，人类生活的丰富性大部分来自于从日常生活中被认为理所当然的现实中迈出去的任何经验，以及对在我们周围的神秘事物的开放态度（引自马斯格罗夫，1977）。"

伯杰认为现代成年人是"容易发生质变的人"——为发生质变时刻准备着，而马斯格罗夫则开始检验这一观点。他发现，即使是发生如成年后失明、患多发性硬化症并失去生活自理能力、离开工厂成为艺术家、从工程师转变为神职人员、接受同性恋或进入东方神秘主义者公社等戏剧性变化，变化本身也并没有导致身份的重大质变。换言之，重大甚至戏剧性的行为变化并不一定意味着价值观和意义视角的相应变化，而价值观和意义视角的重大变化也不一定会导致相应的重大行为变化。马斯格罗夫写道，"发现新的配方式知识并不一定会维持新的现实，它也可能支持甚至强化旧的现实。新的典型和类别可以被最小化和孤立，以适应旧的意义结构，使先前对自我和世界的定义基本上保持不变。"

变化最大的是那些进入公社（苏菲和印度教克利须那派）的人和同性恋者。那些有意驶向新生活，把自己置身于主流社会之外，希望改变而不是适应它的人，也最有可能改变自己。电影《生于七月四日》描绘了这一发现的真相，电影中的男主角罗科瓦奇在越南战争中腰部以下瘫痪，他无法适应自己以及家庭和社区传统价值观的平庸，在漫无目的的反叛和绝望之后，他经历了视角的质变，成为一名反战活动家，找到了人生的新意义。

马斯格罗夫发现，响应边缘化的质变在成年早期更为频繁。他认为人们在成年早期比晚年更容易接受新的经验模式，他还发现，显著的变化可以在很多年内逐渐发生。

马斯格罗夫另一个有趣的研究发现，挑战了他人在个人转变中的重要性，并重申了"历史（或未经质变的）自我"无与伦比的重要性。虽然在测试边缘人的新现实时，他人很重要，但他们的支持并没有在促进质变方面发挥重大战略作用，而且收容机构的囚犯文化对视角质变的影响微乎其微。马斯格罗夫写道，"'视角的质变'并不像理论家所说的那样容易在'替代其他重要的人'后就发生"。

马斯格罗夫认为，在这种情况下，边缘化最好理解为社会进程中的一个阶段。在此阶段中，那些发生质变的人经历了社会的不确定和模糊时期，类似于特纳的"阈限"阶段。在后阈限阶段，这些人要么转向社会中心，要么背离社会中心。马斯格罗夫发现，背离社会中心的可能性似乎与年龄有关，但转向社会中心的可能性与年龄无关。

马斯格罗夫敦促成人教育应集中在 20 岁和 30 岁出头的人身上，并且应朝着道德教育的方向而努力，以及"应提供时间、机会和最好的方法为探索道德世界、自我概念和一系列现实生活经验的意义上"而努力。然而，质变理论认为，从后理性转变为批判性反思、更充分和自由地参与理性的对话的能力贯穿于整个成人生活。

二、作为超验的质变

视角质变通常涉及自我的深刻变化，包括认知、情感、身体和无意识等方面的变化。罗斯·基恩（1985）对他自己和其他五个致力于宗教生活方式的人的质变进行了深刻的现象学分析，他的发现完善并强化了在其他研究中出现的视角质变模式。这非常重要并值得进一步阐述。

基恩描述的质变学习经历包括四个阶段。它始于迷失方向或是迷茫窘境，一种"内在不平衡，自我和谐受到干扰，但问题既没有被理解，也没有令人满意的命名"。在迷失方向阶段出现了质疑，即在自我内部不一致的敏锐洞察力下，旧意义视角被认为是不充分的。基恩发现，这与某一时期的迷失方向有关，例如研究对象的生活压力减轻了或者研究对象从正常活动过渡到全职学习。如果学习者忽略了不断积累的不安迹象，他们则可能突然意识到自己迷失方向，并伴随着情绪混乱、令人不安的梦境、身体疼痛以及认知混乱等现象。

质变过程的第二阶段是寻求意义与和平。这涉及寻求身份认同和个人融合。基恩在这一阶段确定了三个过程：

第一个学习过程是：在寻求中发展自主性。质疑者在以下情况中逐渐培养自主性和自我导向性，如从依赖有限的知识和援助转向从各种来源寻求帮助；从不加批判地接受建议和知识转变为采取更具批判性的立场；不再向帮助者寻求直接答案，而将其视为自己寻找答案的助手；不再认为现有的边界和境况是不可改变的，并开始测试边界以及质疑先前假定的不可改变的现实等情况。

第二个学习过程是：相信完全自我的和谐。通过这一过程，质疑者在以下情况中被赋予了力量，如他们从不再依赖他人发现的真理，转变为开始相信自己对正当性和真理的判断；从对稍纵即逝的身体或情绪变化的无视，转变为能意识到和信任它们所传达的信息；从对情绪的疏忽到能感受到情绪的对比和变化，并能解释包含在其中的信息；从对反复出现的符号中所蕴藏信息的不敏感，转变为更开放和更具信任的无意识，以这种方式揭示自己。

第三个学习过程是：学会更有效地学习。通过这一过程，质疑者在以下情况中被赋予了力量，如不再在多维变化中蹒跚前进，而是开始寻找行为模式；不再无助地、不加判断地接受任何迎合他们学习风格的帮助形式；不再出于害怕而依附已知事物带来的安全感，而是开始冒险和尝试新的行为；不再消极接受人格障碍和学习缺陷，而是积极开发他们的功能和能力；不再把抗拒和回避行为视为不可逾越的障碍，而是将其视为挑战、自我认识的机会和做出改变的邀请。

当学习者找到一个令人满意的名称来描述这种令人困惑的经验时，质变过程的第二阶段，即寻求意义与个人融合，就得到了促进，这可以减轻最初的恐惧和无助感。然而，不正确的命名可能会产生严重误导。组织自我的过程需综合旧视角有价值的方面和新视角的深刻见解，同时，学习者需要从旧的现实中获得情感和认知的自由，这意味着学习者必须等待一段时间，直到非理性因素如直觉、精神、情感等方面再次与理性保持一致。

质变过程的第三个阶段是自我接受。这涉及一种深刻见解，它承认并接受以前在理性层面上未被承认的关于自我的真相，在这个转折点之前，人们感到无助、沮丧、绝望和自我怀疑。实现自我接受的过程是困难的，但可以得到帮助。以下情况有助于自我接受过程的实现，如当学习者发现有助于组织他们经验的意义视角时；当学习者积极地寻找行为模式和感知习惯时；当学习者回顾过去以面对关于自我的假设时；当学习者关注"潜意识，预测，梦想，精神和直觉，来自符号和身体状态的信息，感受和认知之间的辩证关系，他人的反馈和意象的使用"时；当学习者获得有益的关系时，包括他人共情和非判断性的倾听以及指出潜在假设的"引发性"质疑等。

质变过程的第四阶段是整合。这一阶段包括对意义图式的重新排序和对可能的新定义的探索。这是一个矛盾和模棱两可、反思和反馈的过程，它使人能够超越极性，重新认识矛盾，更辩证地看待现实，而不是从绝对和两极分化的对立角度（如自我和角色或实际的和倡导的理论）

来看待现实。促进这一阶段的步骤包括"读懂问题的正反两面，反思对熟悉情况的情绪反应模式，写日记，与重要他人对话，想象以及祈祷和静修的时间"。

当然，并非所有的学习质变都涉及如此深刻的自我重新定义。然而，基恩发现，当他们这样做的时候，促进了一个更强大，更富有同情心，更复杂，更完整的自我。基恩的定位是一位宗教信念者，关注自我、自主和个人发展。尽管如此，他清楚地描述了与本章引用的其他人的描述相同的视角质变过程。

三、工作场所的质变

安·布鲁克斯（1989）研究了工作场所的视角质变和批判性反思是否能改变组织这一问题，他还试图确定组织如何影响具有批判性反思能力的员工的发展。她所研究的组织是一家服务公司，大约有 7 万名员工，该公司正试图应对政府放松管制所带来的重大变化。

指导布鲁克斯研究的信念是，"一支能够反思功能失调性态度和行为背后假设的员工队伍，不仅最适合应对不断变化的环境所带来的挑战，而且能够以应对环境挑战的方式促进和实现公司的战略"。她对 29 位被同行誉为具有批判性反思能力的管理者进行了访谈，发现了三种类型的批判性反思：行动中反思、对道德问题的反思和战略规划。

额外责任和参与、一定的教育经验和管理层的开放性能鼓励或发展批判性反思。据发现，批判性反思学习涉及以同理心去接受另一个人或群体的视角，倾听直觉的声音，布鲁克斯称之为"一阶思维"。"二阶思维"包括视角采择、思维监控过程、收集信息和使用分析过程。监控涉及保持诚实、处理实际问题、尽量不将人加以归类、避免情绪化处理问题以及在任何不断变化的情况下寻找机会。具有批判性反思能力的参与者称使用了以下分析策略：使碎片信息吻合，寻求统一原则，寻找含义，并识别差异。批判性反思的能力可以追溯到家庭内部的质疑和批判模式，以及个人质变，如跨文化接触、个人疾病、离婚和工作失败。

布鲁克斯研究中的成人学习者描述了通过视角质变获得的五种见解："我是自己命运的创造者""生存需要对生活的肯定""开放会让人际关系更成功""我必须有勇气坚持自己的信念""现实不止一个"。批判性反思的员工倾向于在确定方向和价值观时倾听自己内心的声音，而不是从公司的角度出发。然而，布鲁克斯发现，批判性反思是否会导致采取社会或政治行动取决于局势中的风险因素。所以，为了限制员工的批判性反思，公司会利用这一风险因素，即提高员工对假设进行批判的成本。

布鲁克斯发现，在组织环境中，批判性反思的重点是政策和战略的实施。如果公司禁止具有批判性反思能力的员工接触政策和战略，他们就会阻止有助于改变组织更恰当地应对不断变化的情况的战略实施。

在工作场所或家庭环境等自然环境中，视角质变的研究是非常必要的，布鲁克斯为这种研究指明了方向。

四、其他研究

特鲁迪·普尔普斯（1989）对在卫理公会教堂工作的 20 名志愿者进行了一项研究，以确定他们如何在与国家教会领导层所采取的立场相关的情况下改变信念和行为。普尔普斯研究了每个志愿者在社会问题上所经历的视角变化的相对幅度、信念和价值观的内容、改变的行为方向以及志愿者对现实反思方式的变化，即批判性反思思维的变化。在一个借助正式和非正式学习场景进行培训的项目帮助下，16 名志愿者开始批判性地反思，并改变了他们对一个或多个问题的立场，这些问题主要是政府机构所关心的一些领域，如同性恋、跨文化意识和关于上帝和人类的包容性语言等。苏珊是一位有代表性的志愿者，她说："培训项目帮助我了解了我们的运作方式、扮演的角色以及谬见和模式化观念是如何影响我和其他人的。在此之前，我从来不曾了解过这些，它使我开始关注自己，并意识到自己掉进的陷阱。"

在这个项目中，非正式学习包括对话、讲故事、分享重要经验、通过社会问题讲述个人的挣扎或痛苦；正式学习包括讲故事、研习班、研讨会、演讲、敏感性会议、通过对话分享经验、社区建设、针对某些问题的培训以及将个人挣扎与社会问题联系起来。在这种宗教服务、情感交融和社区建设的背景下，质变学习似乎蓬勃发展。然而，这个国家项目的志愿者在将他们对社会问题的新观点带回当地群体时遇到了压力和阻力。尽管如此，这个国家项目还是给予了许多志愿者力量，使他们敢于站在与家乡社区传统观点相悖的社会问题一边。

琳达·玛丽·扬（1988）研究了参加一系列产后课程的 20 位母亲的学习情况。在其他目标中，她试图用学习过程和功能的解释来确定这种学习是否可以被理解。受试者根据扬提出的操作性定义对他们的学习经验进行了分类，这些定义确定了我所描述的工具性学习、对话（交际）学习和自我反思性学习。在课程开始时，所学知识在这些类型中大致平均分布，培训结束后，大约一半的学习被归为工具性学习，另一半则平均分为对话性学习和自我反思性学习。以婴儿为中心的学习往往被归类为工具性学习，而面向母亲的学习则被归类为自我反思性学习，母亲们特别重视分享共同的感受、担忧和自我反省。受试者还根据是否修改了他们已经知道的内容（在原有意义图式中学习），以并列而又全新的结构接受了新信息（学习新的意义图式），还是改变了他们看待事物的方式（质变学习）等情况对他们所学的内容进行了分类。学习最初在这些过程中平均分布，然而，到培训结束时，大约一半的学习涵盖了新的意义图式，另一半则分为在原有意义图式内学习和产生了意义质变。本研究确立了对话性和自我反思性学习在产后课堂中的重要性。

在对匿名戒酒者批判性自我反思学习的分析中，彼得霍夫（1990）发现像匿名戒酒会这样的支持群体是质变学习的有力推动者。如果一个人被上瘾或功能失调的行为所驱使而寻求帮助，那么批判性自我反思模式可以通过以下几种方式得到增强。一是个人做出承诺，将按照一系列明确的原则生活，例如匿名戒酒者协会的"合理恢复步骤"（"我承认我有过化学依赖，这种依赖的后果是不可接受的"，"我不再认为自己和他人是完人，我的第一个目标是学会接受自己本来的样子：一个容易犯错但仍然有价值的人"，其他人亦如此）；二是通过师徒关系促进自我反思；三是通过一个自我启示小组，成员分享他们的共同经历，以更好地认清自我并挖掘旧意义视角的功能障碍。霍夫指出简化批判性自我反思和质变学习语言的重要性，以便不同背景的学习者能够识别自己的学习经验，诸如自我、假设、反思性、前提、感知、信念、价值和身份认同等术语需要清晰易懂的示例和定义。哈默曼（1989）对其他类型的自助群体中的自我导向学习进行了研究。

南希·达德利（1987）研究了五名男性和五名女性的范式质变过程（视角质变）：从人类独立于自然并支配自然的观点转向承认我们与自然融为一体的生态世界观。她发现了这种质变性变化的进化本质的证据，也就是说，变化是渐进的，呈阶梯状或螺旋状，朝着同一方向稳步前进，而且是有目的的。达德利将这个过程描述为以下这些重叠的主题：从常规模式中分离（"框架破坏"）、超越普通模式、专注和自愿的参与、验证、整合（根据新范式行事）而非转向熟悉模式以及对模式和意义体系的敏感性。达德利的分析与先前引用的研究报告的结果是一致的。

莫莉·丹尼尔斯（1990）在一个重点强调发展批判性反思的非传统大学的单位中，研究了关于批判性反思的观点及其促进作用以及关于制度文化对质变学习影响的看法。她发现了"人文主义"哲学和"激进"哲学的教师之间具有哲学差异（伊里亚斯 & 梅里亚姆，1980），分别涉及罗杰式的培养和弗莱雷式的问题提出取向。她还指出，教师和管理者对制度文化影响的看法存在差异。

吉尔·纽曼·亨利（1988）在一项题为"为质变而发展和学习"的未发表研究中提出了一个将终身学习与超个人心理学联系起来的模型。

在许多致力于探索个人质变本质的书中，我注意到了谢尔曼（1987）和贝拉多（1982）关于中年过渡的书；芬格莱特（1963）、古尔德（1978）和西恩博格（1973）关于精神分析过程的书；鲍德和格里芬（1987）关于发展性个人学习的书；施洛斯伯格（1984）关于心理咨询的书；舍恩（1983）关于学习成为专业人士的书；佩克（1987）关于精神发展的书；马丁（1988）关于女性重返学校的书；古德里奇（1979）关于与社会力量对抗的书；布里奇斯（1980）和奥尼尔（1978）关于管理生活质变的书；弗格林（1980）关于质变运动的书。

第六节　集体性质变

视角质变不仅发生在孤立的个人身上，也发生在参与群体和社会运动的人身上。这一节将描述视角质变过程的社会互动性质，包括这个过程在意识提升和社会运动中发生的方式，它还将确定群体中批判性反思对话的主要障碍。

视角质变是一个社会过程，通常涉及他人表达的观点，这些观点最初让我们感到不和谐、令人厌恶和具有威胁性，但后来逐渐认识到，对于处理经验而言，这些观点是不可或缺的。我们期待他人能从不同的角度来解释自身的困境，当发现一个有希望的视角时，不仅仅是采用它，而且要通过对它进行富有想象力的诠释，使之成为自己的观点。由此产生的观点永远不会与对方最初表达的观点完全相同，正如赋予同一个词语或概念的全部意义，总是在某种程度上与他人赋予的内涵有所不同。

视角质变的社会过程进一步涉及在朋友、同伴和导师身上测试我们的新观点，它们的强化对于实现质变至关重要。通过理性的对话来验证新视角，而新视角可能会使我们与他者的关系发生变化，这是必须要解决的事情。

一、意识提升

我们都熟悉妇女运动中意识提升的团体在影响个人质变方面的巨大力量，梅希尔德·哈特（1990）在 *Mezirow and Associates* 中对这种学习过程进行了敏锐的分析。哈特写道，意识提升"点燃了围绕压迫主题的火花，预设了一种关于知识和认知的特定观点，这种观点赋予了个体认知者力量，而不是扼杀他们，并且呼吁在理论和实践之间建立一种关系，这种关系始于对权力的模糊认识或明确承认，结束于对整个受权力约束的社会现实的本质和复杂性的系统理解。'提升意识'意味着达到这种意识，并将这个过程锚定在个人现实中，而不是在别处产生的分析和理论中"。

哈特将意识提升的重要元素列为"对压迫的承认和分析、接受个人经验作为批判性反思的原始内容的重要性、学习群体的计划同质性以及在学习群体中所有参与者具有平等结构对权力机制进行批判"。他解释说，首先，学习群体必须将自己视为受压迫的，并且相较于从现有影响力和权力分配中获益的人而言是相对无能为力的，还必须有时间追溯前提反思。因此，潜在的质变学习体验应该与任务导向的小组活动分开进行。

意识提升群体和女权主义教育者反对认为个人知识是边缘化或无关紧要的客观主义，这种偏见在科学家、律师和学术界受到高度重视，同时，这些群体抵制学习者只在即时体验的感受中寻找真实性的冲动。哈特认为主观性需要一种类似于对个人经验进行理论思考的自我意识。为了提升意识，她提到"必须在个人经验与理论之间保持距离"。个人经验被认为是由个人经验之外的力量和结构组织起来的，它既应作为分析和自我反思的"内容"，也应作为获得社会认可的知识的出发点。

群体成员在经验和背景假设方面的同质性是提升意识的重要条件。当群体成员来自不同的性别、种族或阶层时，往往很难达到必要的相互信任，而相互信任是成员间进行自我表露、提供大量重要信息并在解放中培养共同兴趣的必要条件。

尤其重要的是，群体成员之间的社会权力没有重大差异，意识提升群体的特权成员必须学习如何变得"积极和附和性沉默"，该群体必须朝着加强成员之间的互惠和平等方向迈进。意识提升群体的特点是没有领导（即没有指定的领导人），保证每个人都会被倾听的对话准则，并提供支持和避免批判其他群体成员。群体成员相互确认对方是女性，并在彼此之间创造了新的互动和关系形式。

哈特将艾伦的四个提升意识阶段——"开放""分享""分析"和"抽象"——描述为涉及过程中的重要时刻，而不是连续或不变的阶段。开放是指那些表达情感和叙述经验的时刻。分享是指确定经验相似性的阶段。"这些经验的非个体、见证性的特征会成为关注的中心"，并且有意识地努力克服竞争的言语和互动习惯。

通常，群体围成一圈，让所有成员在发表评论之前先谈谈他们的经验。有些群体告诉成员，只谈论他们自己的经验，不必受其他成员发言的影响。在"第二轮"中，人们可能会根据他人的评论有意识地反思自己之前的谈论，注意别人的评论如何帮助他们理解自己的经验是相似的还是不同的。这项活动包括表露、分析（询问有关社会如何运作的问题）和抽象（将概念和所进行的分析与抽象理论的讨论联系起来）。

二、社会运动

相关的社会运动可以有力地促进批判性自我反思。在过去的二十年里，美国的大多数成年人在社会运动的背景下对非裔美国人、民权、越南战争、环境和／或妇女权利有了新的认识。我们的个人困境往往会因我们的所见所闻而加剧或深化，如果一个社会运动支持另一种意义的视角，且可以缓解个人困境所产生的压力，我们将更有可能接受它。认同一场社会运动，也许能最有力地强化我们看待自己困境的新方法。

反过来，当人们认同社会运动是个人视角质变的一部分时，社会运动就会获得巨大的力量。例如，田纳西州诺克斯维尔附近的海兰德中心的社会活动家成人教育项目对促进美国的民权运动产生了重大影响（霍顿，1990）；中国、古巴和尼加拉瓜在革命之后建立的成人扫盲教育计划被证明是世界上最有效的项目之一。

马蒂亚斯·芬格（1989）描述了欧洲新社会运动中出现的社会行动新范式，包括"绿色"运动、新和平运动和统称为"新时代"运动的精神或宗教运动。Finger将这些运动与"旧"运动进行了对比，包括劳工运动、女权运动、人权运动和第三世界经济、社会和政治解放运动。他把这些旧运动描述为有组织的努力，利用教育来实现诸如正义、自由、平等和解放等启蒙和现代性的社会目标，这些集体目标被置于个人目标之前。

芬格将教育作为政治解放手段的概念与新运动中的观点进行了对比，在新运动中，质变性教育本身就很重要。这些运动认为，用旧方法探索现代性已经行不通了，教育的目的不应该是为了实现社会目标，而是引发一个不可避免地会影响社会、文化和政治生活的个人质变过程。社会和文化变革只随个人质变而发生，因此，生活方式和思维方式的质变成为评价成人教育的最终标准。

新的运动既提供了一个环境，又作为促进个人质变的催化剂，界定了成人质变的未来主题，将社会变革与个人质变联系起来，并帮助人们理解，质变是基于个人情感承诺的，即学习如何摆脱与社会关切有关的特定困境。参与这些运动的人认为，质变的动机来自深刻的道德动机，甚至是宗教动机，质变本质上并不仅仅是认知的。芬格说："成人质变主要是非正式的、地方性的和社群主义的，基于关注、承诺和经验，根植于当地文化的发展并为之做出贡献。"新运动的目的是以一种新的方式重建人与社会之间的联系。芬格认为，新运动的特点是体验式学习、惊愕学习（唤起个人情感的学习经验）、整体学习（学习一种生活方式）和认同学习（即个人身份认同不能脱离一个人的生活方式和社会责任的学习）。玛丽琳·弗格林的畅销书《宝瓶同谋》（1980）描述了几个类似的涉及个人质变的群体运动。

交际群体通过对世界进行阐释，产生积极意义，不断地重新创造和诠释社会现实。通过解放性对话的现实检验，可以把社会运动理解为社会现实新形式、新意义的积极创造者，抗议、异议和反对压迫性社会安排可能是这些新的社会现实的前兆。

三、群体中批判性反思性对话的障碍

大量的文献描述了群体中批判性反思或理性对话的障碍，过分依赖权威和组织、害怕面对冲突、个性和有效群体参与的内在悖论都是常见的问题。欧文·贾尼斯（1983）创造了"群体思维"这个词来指代一种思维模式，他发现这种思维模式是有凝聚力的群体的特点，在这种群体中，对一致性的渴望排除了对其他行动方案的现实评估。他对这一现象分析的案例研究包括猪湾入侵事件、珍珠港事件、古巴导弹危机、越战升级和水门事件等政治丑闻。

贾尼斯指出，当从众压力主导一个群体的商议时，决策质量会下降。从众压力包括自我审查、一致的错觉、对持不同意见者的直接压力以及自封的"思想卫士"（指那些意在使领导者不会对其决策合理性失去信心的群体成员），所有这些压力传递的信息避免分歧和"团结在领袖周围"。贾尼斯指出："集体决策的成员之间越友好，团队合作精神越强，独立批判性思维被群体思维取代的风险就越大，这很可能导致针对外部群体的非理性和非人性化的行动。"

群体思维的主要条件包括群体凝聚力、社会背景和意识形态的同质性，不含其他知情人士或专家的批判性评估的群体审议、缺乏公正领导的传统（这排除了开放式探究和批判性思维的可能性），以及缺乏规范维持以程序化方法来规定决策任务，如搜索和评估等。

在以下两种情况下，群体更倾向于诉诸群体思维，一是当他们面对来自外部威胁的巨大压力，且提不出比领导更好的解决方案时；二是因

近期决策失误、决策难度过大，或除了那些违反群体道德标准的方案以外别无他选而导致暂时性的自我贬低时。

尽管有些群体具有批判性探究的传统和既定程序，它们可能比单个个体做出更好的决策，但群体思维也有一系列的弊端，如对替代方案或决策目标的研究不全面，未能审查首选方案的风险或未能重新评估最初被拒绝的替代方案、信息搜索不畅、处理手头信息时的选择性偏见以及未能制定应急计划等。贾尼斯的观点得到了欧内斯特·梅（1973）的支持，他发现华盛顿在重大外交决策上的失败往往是因为依赖于历史上可疑的近似性、类比或没有历史学家参与的先例，但是他们本可以帮助决策小组更批判性地看待他们对历史的假设。

当群体成员的积极性导致他们的观点完全无法兼容其他观点时，群体中的理性对话就会受到阻碍，也就是说，成员成为"真正的信徒"。如果成员与群体的关系是有机整体的而非契约性的，这种情况尤其可能发生（马济洛，1978）。有机整体关系是建立在与群体的完全认同之上的，许多转变都涉及这种关系，例如，一些进入意识提升群体的女性放弃了对她们与群体关系的进一步批判性反思，转而给予群体无条件的忠诚。

然而，当发展的视角质变涉及与社会运动或其他新参照群体的关系时，这种关系是契约性的，而不是有机整体的。契约团结是建立在一个明确的认识之上的，即每一方的想法都将受到持续且严格的批判性重新评估，而且随着条件的变化，这种关系也会改变（辛格，1965）。在契约团结中，会放弃反思性批判和批判性对话，转而盲目地服从群体准则、规范、权威或意识形态的"真正的信徒"或狂热者是不存在的。

总 结

本章考察了与质变理论相关的广泛研究。讨论了成人思维能力的发展（包括批判性反思）、视角质变在成人发展中的作用、视角质变的几种理论综述（包括现象学、定向进化和荣格观）、质变过程的概述，特殊环境下的质变（包括"边缘"环境、宗教环境和工作场所），以及群体环境中的质变（包括意识提升群体和社会运动）。本章提出了以下主要主张：

1. 质变学习有两个维度，即意义图式的质变和意义视角的质变。意义图式的质变是反思过程中不可或缺的一部分，当评估关于解决问题的内容或过程的假设并发现它们不合理时，我们会创造新的假设或者改变旧假设，从而转变对经验的解释，这就是日常反思性学习的变革动力。当偶尔被迫评估或重新评估我们认为理所当然的基本前提并发现它们不合理时，可能会导致视角质变，随后发生重大的生活变化。

2. 发展包括两个阶段：一是青春期前生物性自动解码和文化性自动编码；二是成年后重新审视这些文化结构及其背后的假设，以实现更具进步性的意义视角。

3. 不同的文化在培养去中心化、去情境化和发展身份认同所必需的自我意识方面各不相同，所有这些都是一个人理解或"接受"另一个人的观点以及理解自己的观点在第三方眼中如何与另一方的观点相互作用所必需的。这些品质，以及抽象思考的能力（从而使自己远离自己的信念和想法），都与教育有关，尤其是阅读和写作。

4. 成年期的发展是指朝着更进步的意义视角转变。与发展不充分的意义视角相比，更具进步性的意义视角具有包容性、鉴别性、整合性和渗透性（开放性），可能产生先进的意义视角的质变通常发生在30岁以后。

5. 老年人的认知分化往往更为成熟，这涉及对情境的更多意识（尤其是对心理因素以及个人和集体目标的意识）、更多的前提分析以及逻辑和情感的整合。这些质的变化常常被以青年为导向的发展模式和研究方法所误解，将老年人的变化归因于衰老导致的认知功能丧失。

6. 创造和改变意义的需要在本质上似乎是定向进化的，也就是说，这是模仿生物发展的必然模式。意义图式或视角的每一次质变都能更有效地利用能量，并使自己得到强化，因为由此产生的行为模式被更好地整合，并且对新想法更开放包容，从而提高了适应效率。

7. 批判性反思的思想家从抽象的批判转向批判性自我反思，从而"恢复个人"和产生更强的自我理解意识。辨别力是批判性反思的补充，它能增强表象意识和澄清前语言对人的感觉、理解和行为方式的影响。

8. 视角质变涉及一系列的学习活动，从迷茫窘境开始，到一个改变的自我概念结束，这种自我概念使人能够在新视角所规定的条件下重新融入生活环境。质变学习活动的顺序不是由一成不变的发展步骤组成的，而是应该被理解为"意义变得清晰"的连续时刻。

9. 通过质变取得进步的迹象包括：从更广泛的知识来源寻求帮助；采取更具批判性的立场；将帮助者视为寻找自己答案的资源，而不是提供答案的权威；检验边界和假设；积极寻找自己的行为和回避模式；对情绪、身体状态、直觉和梦的象征意义有更好的认识；寻找适合自己学习风格的帮助形式。

10. 在边缘情境中，认为理所当然的事情往往变得有问题，从而导致质变学习。如果是自愿进入边缘状态，质变的可能性更大。

11. 视角质变是一个社会过程：其他人造就了迷茫窘境，为我们提供不同的视角，为质变提供了支持，通过理性的对话参与验证改变了的视角，并要求在新视角的背景下建立新的关系。然而，有证据表明，"重要他人"可能并不总是视角质变的核心要素。

12. 雇主可以鼓励或不鼓励员工的视角质变。具有批判性反思能力的员工可以帮助雇主制定应对变化的创造性策略。

13. 群体中有效的意识提升包括承认压迫、对个人经验的批判性反思、个人知识的合法化、群体的同质性以及对群体成员之间权力平等机制的反思。

14. 社会运动可以显著促进批判性自我反思。它们会促成或强化困境以及使替代的意义视角合法化，认同一个比自己更重要的目标也许是最强大的学习动力，反过来，经历了视角质变的人可以给社会运动带来巨大的力量。

15. 如果成员对群体具有毫无疑问的"有机整体"般的忠诚，而不是"契约性"或临时忠诚；如果成员为了保护领导者免受冲突，或为了表现出团结一致而陷于"群体思维"，则会阻碍群体的质变过程和理性对话。

16. 新的社会运动对教育应该被用作实现特定社会目标的手段这一假设提出了挑战。他们把教育的目的重新定义为实现个人质变，并认为这是保证文化变革和社会转型的唯一途径。

第七章 培养质变性的成人学习

65 年前，在美国将成人教育确立为专业领域的人中，爱德华·林德曼是最有影响力的权威者，他将成人教育定义为"在非专制、非正式学习中的合作冒险，其主要目的是发现经验的意义；对心灵的探索，深入到形成我们行为的预想的根源；成人的学习技术，它使教育与生活相伴而生，从而将生活本身提升到冒险实验的水平。学习者不是学习'科目'，而是从阻碍自我实现的直接问题开始。老师从权威者转变为指导者、引导者的角色，他们根据其实际情况的经验和相关性，参与到学习中来"。

质变理论通过解释我们深入研究假设和预想的根源时所涉及的学习动力，从而改变我们理解经验意义的方式，为林德曼的成人教育思想奠定了基础。哲学家马克辛·格林将有意学习描述为一个揭示、重建和生成的过程。她说，学习者的核心关注点是"在发生错位时，即当学习者发现掌握的解决问题的方法似乎不再奏效时，他们应努力使自己的生活世界重新变得井然有序"(1975)。在现代生活中，这些错位是普遍存在的。格林所说的错位即质变理论中的"迷茫窘境"。正如我们在前面几章中所提及的，配方式学习的失败通常会导致前提反思和视角质变。

在第四章中，我们了解到，当我们发现新数据不符合我们预先设想时，对解决问题的内容甚至是对过程进行反思，则成为意义图式发生质变或新的意义图式构建的途径。我们还注意到，当纳入与意义图式相匹配的新信息时，意义图式的本质会发生改变。当我们遇到迷茫窘境，并且无法通过内容或过程的反思走出困境时，我们往往会开始反思行动的前提。而前提反思可能会使我们重新定义问题，并根据质变后的见解采取行动。这种视角质变的过程是成人学习的普遍形式。它与各种概念和经验有关，包括成人发展、批判性反思、创造力、艺术表达、精神分析疗法、意识化、辩证思维、意识提升、哲学分析、某些形式的宗教皈依和东方神秘主义。

解放教育不仅仅是要意识到自己的意识，其目标是帮助学习者先意识到他们的经验，再意识到他们经验的条件（他们是如何感知、思考、判断、感觉、行动的——即对过程的反思），最后意识到他们为什么会有这样的经验，并根据这些认识采取行动。采取行动本身涉及重要而独特的工具性学习过程，这对于成功的质变学习具有决定性意义。成人教育工作者的工作是帮助学习者批判性地审视他们的信念和行为，不仅仅是审视当下的这些信念和行为，还要审视它们的社会背景以及对学习者生活带来的影响。

第一节　成人教育哲学

质变理论是一种成人学习理论。它试图描述和分析成人如何学会理解他们的经验。它是建立在对成人学习本质理解之上的成人教育哲学，为成人学习的教育干预措施提供了有效指导。

一、建立理想的学习条件

在第三章中，继哈贝马斯之后，我提出了这样的主张：我们都依赖于共识验证来确定我们论断的意义，尤其是在学习的交流领域，而参与批判性对话的理想条件恰好就隐含在人类交流的本质中。这些条件是成人教育哲学的基础，它们也是成人学习的理想条件。它们是理性对话验证过程中的重要组成部分，通过这个过程，我们会收获更有发展前景的意义视角，即更具包容性、鉴别性、渗透性和经验整合性的意义视角。在这些理想条件下，对话的参与者：

1. 拥有准确完整的信息；

2. 不受胁迫和自欺欺人；

3. 有能力权衡证据和评估论据；

4. 具有批判性反思的能力；

5. 对其他视角持开放态度；

6. 有平等的参与机会；

7. 将接受知情、客观和理性的共识作为对有效性的合法检验。

如果成人教育的主要目标是帮助学习者学习他们想学的东西并获得更高层次的意义视角，那么，这些成人学习的"理想"条件就成为评估教育项目的标准；它们构成了教育工作者的"底线"。这里的"理想"不是无法实现的完美目标，而是作为一种价值判断。理想是对好坏的判断，存在于每一个行动中，不局限于教育实践，经济、政治、社会习俗和制度也可以根据它们促进或阻碍实现人人参与成人学习的理想条件的程度来判断。

成人自由、充分地参与批判性对话而产生的行为，显然需要自由、民主参与、平等、互惠和先前的教育。基于此，人们学会有效地评估证据，提出和理解相关论据，进行批判性判断和批判性反思。这种参与还意味着安全、身心健康、住房和就业机会等合理的最低水准，以及接受持有不同观点的他人和社会合作。自由、民主、正义、平等和社会合作等价值观之所以如此受到广泛重视，至少一部分原因是它们代表了人类能够理解其经验的基本条件。

二、成人教育学

成人教育学是成人教育工作者的专业视角。它被定义为一种有组织的、持续的努力，以帮助成人以一种提高自主学习能力的方式进行学习。苏安马里（1981）的一项研究表明，成人教育教授委员会174名成员几乎一致同意，作为一名成人教育的实践者，成人教育工作者必须实现麦基罗（1981）提出的以下目标：

1. 逐步减少学习者对教育工作者的依赖；

2. 帮助学习者了解如何使用学习资源，特别是包括教育工作者在内的其他人的经验，以及如何参与互惠学习；

3. 帮助学习者确定他们的学习需求，包括即时意识以及对影响其需求感知的文化和心理假设的理解；

4. 帮助学习者承担更多的责任，如确定学习目标，规划自己的学习计划以及评估学习进度；

5. 帮助学习者根据其当前的个人问题、关注点和理解水平来整理所学内容；

6. 培养学习者的决策能力，选择相关学习经验，扩大学习者的选择范围，并促进学习者接纳其他有不同理解方式的人的观点；

7. 鼓励使用越来越具有包容性、鉴别性、自我反思性以及经验整合性的判断标准；

8. 在学习典型化与标签化、观点采择、学习习惯和学习关系方面培养一种自我纠正式和反思性的学习方法；

9. 促进学习者提出和解决问题，包括与个人和集体行动的实施相关的问题，并认识到个人问题和公共问题之间的关系；

10. 通过以下方式让学习者掌握他们不只是学习者还是行动者的自我概念：通过鼓励学习者努力改变、勇于冒险，并给予反馈以支持学习者；避免对其绩效进行比较性判断；适当利用互助小组；

11. 强调体验式、参与式和投射式教学方法，并在适当的情况下使用示范和学习契约；

12. 在帮助学习者理解他们的全部选择和提高选择质量的方法与鼓励学习者做出具体选择这两者之间做出道德区分。

这些实践要求显然与质变理论密切相关。通过对其内容、学习过程及其前提（社会背景、历史和后果）的反思，帮助成人形成、创造和改造他们的意义图式（信念、情感、解释、决定），这就是成人教育学的意义所在。

新信息——即学科的信息内容和解释会被现有的意义图式甚至是意义视角的过滤，这往往会扭曲人们的学习方式。如果想要进行有意义的学习，教育工作者不应该只关注学习材料或成人自身的"表达技巧"。当学习者视野狭隘、遇到麻烦的问题、学习困难或缺乏动机时，教育工作者必须帮助他们意识到新信息与已有的相关意义图式之间的关系，并帮助他们理解为什么会这样处理新信息。这意味着教育工作者必须积极鼓励反思性对话，通过反思性对话，学习者可以审视其意义图式和意义视角的合理性，并呈现出的新信息。

第二节　伦理问题

鼓励学习者挑战和转变意义视角会引发严重的伦理问题。例如，教育工作者的以下做法是否不道德：

1. 在不确保学习者完全理解可能会产生质变的情况下，意图促成质变学习？

2. 当其结果可能包括危险或糟糕的行为时，促进视角质变？

3. 决定学习者的哪种信念应该受到质疑或被认定为有问题？

4. 教育工作者提出的观点可能对学习者产生过度影响？

5. 当教育工作者的个人信念与学习者的信念相冲突时，教育工作者拒绝帮助学习者采取行动？

6. 在教育工作者没有受过心理治疗师培训的情况下，且学习者恰好因心理扭曲阻碍其进步时，教育工作者就进行教育干预？

我相信，如果处理得好，上述所有这些事情都是合乎道德的。本节将解释这种信念的原因。

一、引发和促进质变

鉴于成人学习本质上是一个审视假设以检验其有效性的质变过程，因此，对于是否促成或促进这一过程，其间不可能会产生任何伦理问题。学习者只能表达其当前意义视角中定义的兴趣或需求，他们可能会在批判性审视后发现这种视角是扭曲的或功能失调的。成人教育工作者必须接受学习者初始的学习优先事项，但教育工作者在道德上不应将学习者限制在学习者最初的视角内。

视角质变是一种成人学习模式，无论是学习者还是教育工作者都无法按需预知或唤起。因为这种模式可以帮助学习者发挥关键的自适应功能，通过更具包容性的差异化和整合体验来解决困境，所以不存在学习者"被动接受"新视角一说。或许由于新视角与既定的意义视角相冲突，或是因为自欺欺人，或是缺乏如何根据新视角采取行动的知识，又或者是存在妨碍行动的情景因素，总之学习者可能很难接受这种新视角并根据其采取行动。无论是这些可能性，还是学习者可能因教育经历而意外地重新定义其需求或行动优先顺序的事实，都不是反对教育工作者促进批判性反思或质变学习的有效论据。

如果鼓励学习者在质变学习过程中进行批判性反思，并根据这些见解采取行动，教育工作者可能会预见到学习者面临的巨大困难和危险。但这也不足以成为反对解放教育的理由。学习者不应被阻止对其自身处境、感受和资源的充分理解，即使根据这种理解采取行动是不切实际的。将行动推迟到更有利的时机或将行动限制在当时情况下可行的范围内，这是可以接受的。教育工作者的目标应该是让学习者自由学习，并根据可获得的最佳信息决定是否采取行动，以及如何、何时采取行动。

成人教育的本质是帮助学习者以一种更合理的方式分析经验，使他们能够更清楚地理解问题的原因以及可以选择的行动，从而提高决策的质量。决定学习者的哪个信念应该被问题化，在教育工作者选择主题内容和方法方面有其道德对应物，最适合满足学习者的需求，并将最好地促进传统课堂的学习。解决学习者需求并最能促进传统课堂学习的学科内容和方法方面有其道德对应。学习者的回答表明了教育工作者决策的正确性。

二、处理教育工作者和学习者之间的价值冲突

帮助学习者将以前毫无疑问的假设和前提带入批判性意识，以了解他们如何掌握某些概念范畴、规则、策略和标准，然后判断其有效性，从而增强学习者对自己生活的掌控。教育工作者做这样的事当然是被普遍接受的。帮助学习者认识和评估看待问题的替代意义视角不是规定学习者该做什么，而只是提出不同的规则、策略和判断标准。

没有无价值的教育体验；要避免价值观问题，就要选择维持现状中未经检验的价值观。由于大多数教育工作者致力于帮助学习者改变，并相信这种改变会使世界变得更美好，因此不能要求他们隐藏自己看待和解释问题的方式。即使教育工作者的地位可能会无意地影响学习者，他们提供自己的观点作为学习者可以从中获得见解的几个备选观点之一，是完全合乎道德的。真正让人不可接受的是教育工作者意图"推销"自己的观点或操纵学习者接受他们的观点并按其行事的行为。教育工作者应该着重意识到这种潜在的颠覆，并竭尽全力避免它。在我看来，这个问题在促进批判性反思的成人教育工作者与其他方向的教育工作者之间并没有什么不同。我们认为教育工作者知道教育和灌输的区别，同样我们需知道成人学习者通常也明白这一区别。

质变理论认为，计划和采取行动——即做出决策是质变过程的一个组成部分。但是，如果成人教育工作者发现他们的价值观与学习者的价值观相反呢？他们是否有义务帮助学习者计划和采取他们自己不赞成的行动？我曾经向汉兰达中心的迈尔斯·霍顿提出过这个问题。他回答道："当然不是"，"教育工作者应该只与那些会让他们产生团结感的人一起工作。"

霍顿谈到了在非正规项目中工作的社会行动教育工作者。其他对公众开放课程的成人教育工作者可能会发现自己与社会或政治观点相冲突的学习者一起工作。只要大家的解释同意对反思性话语持开放态度，教育工作者就没有理由对与这些学习者合作持保留态度。但是，如果学习者在反思性对话后决定采取某种行动，而教育工作者在道德上无法接受这一行动，那么教育工作者退出进一步的教育干预是完全正确的。反过来说，如果学习者制定的行动为教育工作者所接受，教育工作者可以并且应该（在情况允许的范围内）帮助学习者计划策略并发展实施行动所需的技能。

三、处理心理问题

因为质变学习和解放教育必须解决心理、认知和社会语言学意义视角中的扭曲，如果成人教育工作者能帮助学习者发现并解决这些扭曲现象，他们是否会参与心理治疗？在这里，有必要仔细区分在处理熟悉的人生转折过程中经常遇到困难的成年人和患有极度神经质、精神病或社会疾病并需要心理治疗的成人。成人教育工作者需要学会如何区分这些。

精神分析疗法起源于医学疗法，即疾病治疗。选择参与心理治疗的人作为患者或客户进入治疗关系。当然，成人教育工作者通常没有资格治疗心理疾病。但他们没有理由不能充当辅导者或指导者来帮助基本健康的学习者应对生活转变。毫无疑问，这种活动需要心理理解和敏感性，可它不是治疗。

在教育环境中进行咨询是一种公认的做法，在这种环境中帮助成人学习者处理心理假设有许多好处。在这种情况下，互动的重点是完成任务相关的特定目标，如重返大学或就业市场、结交新朋友或尝试新的生活方式。在学术环境中，学习者所获得的地位可能有助于减轻学习者的焦虑，或者在审视个人问题时给他们一种合法性感觉。此外，教育环境通常是尝试新角色和想法的相对安全的地方。这些环境中的规范保护学习者免受人身攻击或羞辱，成人教育项目通常不鼓励学习者之间的竞争。特别是在关注人生转折的项目中，学习者可以找到有类似经验的其他人，并将这些人视为楷模。

教育工作者可以为质变学习提供情感支持和理论见解，这对于帮助学习者纠正意义视角中最常见的心理扭曲非常必要。研究生课程应使所有成人教育工作者做好准备，以便与那些在协商人生转折时遇到共同问题的人合作，此时成人最容易接受假设检验和重大视角质变。"治疗性学习计划"（古尔德，1990）针对人生转折遭遇困难的成人学习者而出现，在计算机程序中融合了临床见解的许多优点，这类资源为试图帮助这些学习者的教育工作者提供了充满希望的新可能性。

第三节　促进社会行动的教育

一些理论家抱怨道，正如我试图阐述的那样，质变理论未能认识到权力在扭曲教育和对话关系方面的重要性，缺乏对确定为阻碍成人学习和发展的特定力量的社会批判，过度关注个人质变，不将集体社会行动视为所有质变学习和解放性成人教育的基本目标（克拉德 & 罗，1989；格里芬，1988；坦南特，1988；哈特，1990；克拉克 & 威尔逊，1990）

我用哈贝马斯的社会批判为质变理论提供了社会理论背景。我还相信，当成人学习者如同在检查先前学习中的社会语言扭曲一样对社会规范和文化代码进行批判性反思时，他们会做出类似的批判。批判是成人学习的固有功能。

成人教育者的作用是鼓励这种批判，同时使其尽可能合理。教育工作者是一种富有同情心的挑衅者和模范，是一个批判性的协作学习者反思并鼓励他人考虑替代视角的合作学习者，是一个指引者，能制定和执行管理理性对话的规范，当学习者因已确立的信念和价值观受到挑战而感到受威胁时，鼓励其所需的团结和群体支持。教育工作者帮助学习者将自我见解与社会规范联系起来，从而认识到他们的困境是共同的。教育工作者还帮助学习者了解他们所参与的成人学习过程。教育工作者帮助学习者看到并处理他们所宣称的信念和行为之间的差异（麦基罗和他的同伴们，1990）。

一、通过对话进行教育

毫无疑问，成人学习的理想条件是很难完全实现的，并且包括教育工作者，批判性对话的参与者，他们在让他人按照自己意愿行事的能力方面存在差异。教育工作者可以预见不平等地位的出现以及对对话参与者产生潜在影响，故而他们应有意识地计划并应对这种出现对教育环境中批判性对话的影响。他们通过在对话群体中制定和实施尽可能体现理想学习条件的参与规范来实现这一目标，包括关于平等参与机会、角色互惠、"包容"偏见、关注问题、倾听替代论点、审视假设和寻求共识的规则。任何学习群体都隐含着参与者之间的团结感，这意味着学习者接受和认同群体的价值观。成人教育工作者不仅要谨慎地在这套规范内与学习者进行交流，而且要如此示范。（即使是像霍顿和弗莱雷这样的社会行动教育家也仔细区分了在社会行动情境中扮演领导角色和帮助学习者准备承担怎样的角色）通过这种方式，他们可以利用自己作为教育工作者的身份来创建批判性对话的群体，这正是马克辛·格林（1986）所说的"自由领域"，即可以实现"自由辩证法"的真实空间。

在尽最大努力控制允许使用权力来胁迫或扭曲交流的力量时，教育工作者遵循的是陪审员选拔过程背后的理念。那些被认为会对陪审员产生不当影响的有权势者通常被免除担任陪审团，像是正式规则中禁止律师、心理学家、精神病学家和社会工作者担任陪审员，且律师的非正式裁决否定了这些陪审员人选，如大学教授或律师认为可能具有过高影响力的其他权威人士。

二、社会目标与个人发展

成人学习改变的是意义视角，而不是社会。质变学习与社会行动教育联系最密切之处体现在因社会语言学意义视角的转变。这种行动最终可以改变社会，但视角质变是否导致参与特定的集体社会活动，取决于情境、心理和知识等变量。成人教育应该帮助成人获得更高层次的意义视角。然而，成人教育对于这一目标是否应该服从于自由、正义、平等、解放等社会目标并没有达成一致，还是如芬格（1989）所主张的那样（见第六章），事实证明，利用教育实现政治目标的方法被证明是不充分的，促使文化变革的方法是鼓励个人转型。

正如这里所解释的，质变学习理论将此视为一种错误的二分法。自由、平等、民主、扫盲和解放不应被理解为现代化或国家发展的附庸，而应被视作理解人类交流和学习本质中隐含的经验意义的必要条件。与其直接寻求这些抽象的条件，不如推进教育以实现学习，一般来说，学习过程的实施也与这些抽象的必要条件有关。

总之，教育应服务于学习而不是政治。但重要的学习，包括个人转型，是个人质变是一个对社会行动具有重大影响的社会过程。当成人学会纠正扭曲的社会语言学假设，即那些限制他们接纳更高层次的意义视角的假设，学会采取社会行动——通常是集体社会行动，是质变学习不可或缺的部分。因此，教育可以帮助学习者理性地理解个人意义，并衍生出政治目标，激发出的情感承诺。在理性对话群体中努力实现自由、平等、民主和解放等理想条件时，成人可以在实践过程中了解这些条件的意义，也可以采取政治行动，建立人际关系、成立组织和社会群体，让其他人也能发现这些价值观的意义。

行动是质变学习不可或缺的组成部分。理想情况下，社会语言扭曲方面的视角质变应该能认识到最初被定义为个人困境的情况，其实也是他人共同面临的困境。例如，在意识提升方面，女性开始认识到，她们原先认为的个人问题实际上是一个普遍存在的性别刻板印象问题，而改

170

变这种刻板印象的制度化做法的社会行动至关重要。社会语言学的扭曲往往构造无争议的、制度化的社会，只有通过集体政治行动才能改变。个人质变只有当涉及社会变革的观点时，社会语言学扭曲才会发生，而社会变革反过来又取决于个人质变。

三、成人教育和社会行动

不同人对社会行动有不同的看法。它可以是与他人一起评估集体参照系的有效性，也可以是各种转变过程，如关系的转变（例如，在一个有意识提升经验的女人和她的丈夫之间传统角色发生关系转变）、组织的转变（管理者以强调对员工决策的指导和工作场所的社会民主的新视角取代强调指挥和控制的旧视角），或制度的转变（采取集体社会行动改变政治、经济、教育、官僚等制度）。变革制度是一项非常困难且经常具有威胁性的政治任务，是一场持久战。由于缺乏信息、情境限制、心理障碍或缺乏必要的技能等情况，根据批判性反思采取的行动可能会受阻。

基弗（Kieffer，1981）研究了一些低收入和工薪阶层人群的质变，他们通过参与基层公民组织而获得"参与能力"。基弗由此提出了"赋权"的概念，该概念具有以下三个特征：（1）更有力和有效的自我意识；（2）对社会和政治关系更批判性的理解；（3）有更多功能性战略和资源以支持社会和政治行动。根据这一定义，赋权可能是视角质变的结果。

然而，社会行动教育家汤姆·洛维特提醒我们，单靠质变性教育不足以实现有效的社会行动："解放越来越多的人的努力并不是问题，因为如果没有能够成功协调这些努力的宏观经济战略，努力就会白费，而这正是所缺乏的。"（洛维特，克拉克 & 基尔默里，1983）换句话说，洛维特认为，重大的社会变革意味着经济体系的变革，这不是靠地方行动就能实现的，还需要战略和机遇。事实可能确实如此。质变理论和成人教育工作者只能为政治变革的第一步和引发个人质变的解放教育提供帮助，并相信公共变革战略将由此演变而来。社会活动家、教育工作者可以通过参与式研究和集体社会行动策略，帮助学习者学会分析他们的共同问题。社会行动教育工作者的作用仅限于培养批判性意识和洞察力，以了解压迫学习者的公认社会规范、文化规范、意识形态和制度化实践的历史和后果，以帮助学习者进行行动选择，并通过了解曾经为实现改变所做的努力来评估这些行动选择的后果；与其他同样受压迫的人建立团结；帮助学习者建立信心和与他人合作采取集体行动，以解释对他们努力的反馈，应对逆境，并学习应对当前制度的直接行动策略的能力。

洛维特提醒，社会行动教育还必须重申教育主题内容的重要性，"至少是一些设计在课程中的传统教学，其中包括执行必要管理任务所需的基本信息和技能。"工具性学习是为社会行动做准备的重要组成部分。从道德的角度来看，学习新信息和采取社会行动是视角质变的关键维度。教育工作者必须注意，不要让学习者置于"真空中"，让他们意识到集体资源的必要性后，在不帮助他们获得改变所需的信息和技能的情况下获取变革。

最后，应该注意的是，尽管社会行动至关重要，但它不能作为成人学习和教育的唯一目标。正如社会行为有多种形式一样，视角质变也有多种形式——社会语言学的、认知的和心理的——每一种都有自己的实践形式。导致认知或心理变化的质变学习经验可能只会间接地带来特定社会习俗或制度化意识形态的变化，或许根本不会引发集体行动。认识到认知和心理扭曲的重要性并不是过度地将成人学习"心理化"或降低社会语言扭曲的重要性和社会行动的必要性。

四、成人教育工作者在社会行动中的作用

社会行动教育工作者是成人教育中的专家，关注社区发展。虽然不是每个成人教育工作者都能成为社会行动教育工作者，离开传统的教育环境，加入学习者的群体，帮助他们根据通过质变学习获得的见解采取

集体社会行动，所有成人教育工作者都可以成为积极分子，努力克服阻碍成人实现其最基本的人权以理解其经验的社会习俗和制度限制。所有成人教育者都有责任做到以下几点：

1. 积极培养学习者对其假设的批判性反思，不仅关注问题解决的内容和过程，还要关注其社会语言、认知和心理信念背后的前提。

2. 在教室、研讨会、会议和行动环境中建立理性对话群体，其规范与理想的学习条件相一致，在这些规范中，信念可以受到质疑和认可。

3. 帮助学习者学习如何在可行的范围内采取质变学习产生的适当行动。

此外，作为管理公众课程的成人教育工作者有职责做到以下几点：

1. 确保讲师理解并履行他们的基本职责（见上文）。

2. 分配可用的课程资源，为最需要的人提供批判性对话的教育机会。

3. 为解决当前公共问题的批判性对话提供教育机会。

所有成人教育工作者都有责任积极参与公共活动，支持政治、经济和社会变革，帮助所有成人学习者克服阻碍他们充分、自由参与理性对话的限制。

第四节 质变学习与成人教育项目的设计

学习的四个过程——即扩展意义图式、创建新意义图式、转变旧意义图式和质变意义视角，这些过程始终是在学习者的行动方式下进行的，反映其意图、目的和感受。正如我们在第三章中所了解的，实现工具性学习目的的过程与实现交往性学习目的的过程大相径庭。因此，旨在帮助学习者实现每个目标的成人教育项目也应该有所不同。然而，很少有人认识到需要采取不同的办法。

旨在促进工具性学习的教育是最常见的一种，这一事实反映了美国人对运用自然科学解决问题的信念。事实上，许多人认为这种教育（和学习）是唯一的。在这种倾向下产生的典型的教育项目是根据完成某项任务所需的具体行为来定义教育目标的，同之前通过"任务分析"过程来确定目标是一样的。确定当前绩效水平与任务要求之间的差异构成"需求评估"。

这种类型的教育项目通常由一系列固定的练习组成，这些练习被简化为它们的组成元素（"模块"），每一个都比上一个更难。每个练习都通过解释、演示、练习、测试和反馈的模式进行。该项目通常以计算机软件或其他预编程材料为特色的"学习实验室"或"学习中心"来实施。

每个学习者都按照预测试确定的熟练程度进入该项目，并按照自己的进度进行，这被称为"个性化教学"。在每次练习结束时，通过比较教育体验前后展示的技能或"能力"水平和/或通过测量预期学习成果的实现程度来评估学习者的成绩。从这个角度来看，成人识字是一个将意义与单词匹配、学习音节、将单词组合成句子、将句子组合成段落的过程。使用这种方法的扫盲项目强调当前的背诵/测试准确模式（麦基罗，1975）。"功能性识字"就意味着将识字学习理解为工具性学习。

这种技术主义教育方法催生了诸如"行为改变教育"、行为目标、需求评估、能力本位教育、任务分析、技能培训、预期学习结果、目标管理、"问责制"、参考标准评估和实证分析研究等熟悉的术语和概念。这种方法在工具性学习领域合不合适、有没有用要视具体情况而定。它的主要缺点是，它倾向于将任务导向的学习行为任意限制为工具性学习。正如我们在第三章中所指出的，任务导向学习通常也包含交往性学习的重要元素。大多数成人学习涉及价值观、情感、理想、道德决策、自我概念或社会规范定义的其他概念。这种学习必须解决"定义不明确的问题"，这与有正确答案的谜题是不同的（基奇纳 & 金，1990），因此必定涉及交往性学习。

当教育工作者试图使用为工具性学习设计程序来培养交往性学习时，他们通常都失败了。不幸的是，将为工具性学习设计的教育方法应用于所有学习是成人教育领域的普遍现象。最常见的形式是试图扩大行为技能的定义，以涵盖所有学习，包括对所交流内容的含义和了解自己。这种假设似乎是，这些东西的学习方式与任何其他行为技能大致相同，只是在练习时偶尔需要使用假设的现实情境，如角色扮演，这在学习操作车床或执行其他手动任务时是不必要的。然而，事实上，促进交往性学习需要一种完全不同的教育方法。

成人教育的主要目标是帮助那些被社会认为对自己的行为负有全部责任的人在提出和解决问题时变得更具反思性，变得更加批判性地自我反思，能够更充分、更自由地参与理性的对话和行动，并朝着更可靠的视角发展。这一领域的教育工作者主要关注培养民主参与批判性对话的能力，通过这种能力，学习者评估人们在相互交流时做出和暗示的断言的有效性。因此，一个旨在鼓励交往性学习的课程项目，其目标应该是为本章前面列出的理性对话和成人学习建立理想的条件。这样的课程应该帮助学习者做到以下几点：

1. 去情境化；

2. 更加了解他们信念的历史、情境（规范、准则、反应模式、感知过滤器）和后果；

3. 在评估问题解决的内容和过程以及自己参与该过程的方式时，变得更具反思性和批判性；

4. "包容"先入为主的想法，并公开审视证据、评估论据；

5. 做出更好的推论、更适当的概括和提供更具逻辑连贯性的论据；

6. 更愿意接受他人的观点；

7. 减少对心理防御机制的依赖，更愿意接受对所表达观点的临时共识验证的权威。

质变或解放学习涉及上述所有做法，但除此之外，它还侧重于对需要重新评估的前提的批判，以纠正认识论、社会语气学或心理先入之见发展不足或扭曲的现象。当我们在对话中寻求理解和理解他人时，一般通过反思重新定义语言和不断增加新的意义层次。弗莱雷（1970）表明，在质变学习背景下进行扫盲教育可以培养强大的学习动机。

从质变理论的观点看，需求评估和评价成为反思性对话中的两个重要环节。前者决定了学习者经验中的问题，而后者决定了质变学习对需求优先性初始观点的改变程度，并检查了在情境意识、反思性、对他人的观点持开放性态度取得的成果，以及对反思性对话的民主参与和采取更有效的反思性行动。

本节剩余部分将为旨在促进交往性学习和质变学习的成人教育项目的设计提供建议。建议将涵盖需求评估、学习者对质变学习的准备、教学方法和评价等方面。

一、需求和兴趣评估

需求评估必须被视为帮助成人思考他们最初表达需求的原因的过程。成人往往没有充分意识到他们的最大兴趣，他们所表达的需求可能与行动不一致。群体的行为方式可以清楚地反映出单个成员并没有意识到的欲望或需求。个人和群体都可能不知道他们的需求，或者在特定时间和特定情况下没有产生满足某些需求的想法。

通过运用理性，欲望变成了兴趣：我们做出理性判断，即欲望应该得到满足。这种判断的最终标准是我们的自我概念、美好生活或想要的生活方式的某种理想情况。例如，我们可能会认识到某些行为与我们试图成为健康、自主和负责任的成年人愿望不一致，从而决定去要改变这些行为。戈伊斯（1981）扩展了这一概念，他提到，我们可以说酗酒者对戒酒感兴趣，即使酗酒者不承认自己有这种兴趣。之所以能这么说，是因为我们知道，几乎所有人都认为健康是美好生活概念的核心，而过度饮酒无法拥有这种美好生活。

如果我们拥有更完善的知识和自由，也就是说，如果我们能够更充分地参与到理想的对话中，我们就会意识到自己的真正兴趣。像酗酒者一样，我们的真正兴趣可能会因身体、意识形态或心理上的扭曲或胁迫、剥夺、毫无争议的社会规范或其他假设而有所隐藏。中世纪的农奴很少质疑农奴身份的真实性。在妇女运动之前，妇女很少质疑刻板的性别角色所包含的社会观念。被压迫者通常将压迫者的价值观内化。社会学家莱特·米尔斯（1961）观察到，"当我们采取民主观点，认为男人感兴趣的就是我们所关心的一切，那么我们就是在接受那些被既得利益者刻意灌输的价值观。这些价值观往往是男人们唯一有机会发展的价值观。它们是无意识习得的习惯，而不是选择。"

倘若我们生活的环境更有利，即拥有更多的知识和自由，那么我们对自己兴趣的界定就不一样，这些才是真正的兴趣。因此，如果一个总是不加批判地接受传统女性角色的女性突然模糊地意识到，与比她自由的朋友相比，她目前的兴趣不太符合自身的需求（与其自我概念或美好生活的概念不太一致），那么她就找到了她的真正兴趣。如果她从基于性别刻板印象的信念体系中解放出来，她就会知道自己的真正兴趣并分享出来；如果她知道自己的应得利益，那她就会知道自己的兴趣点。

显然，成人教育项目中有关需求评估的过于简化的概念必须加以修正。学习者在学习之初未直接表明眼前的欲望或兴趣的情况下就付诸更多的行动是不公平的，此时学习者的欲望或兴趣由他们尚存缺陷的、扭曲的或自我欺骗性质的意义视角决定。一旦学习者认识到自己的真正兴趣，教育工作者就可以帮助学习者根据预期的学习结果阐明和实现这些兴趣。

教育工作者开始接受学习者表达的需求和兴趣，并制定相应的计划来满足这些需求和兴趣。在帮助学习者理解需求的过程中，教育工作者帮助他们探索产生这些需求的原因，而这些原因存在于学习者信念的假设或前提中。

二、质变学习的准备状态

学习者在接受教育前，为质变学习的准备程度是不同的。在对重返校园的女性的研究中（麦基罗，1978），我们发现，传统的学习者已经被传统文化视角完全同化了，初始学习者面临着迷茫窘境而决心参与教育项目；解放学习者从未完全接受被传统赋予的规定角色，并且已经深入地进行自我反思；质变学习者意识到文化和他们的态度如何通过规定的、刻板的角色共同定义和限制自我概念、生活方式和选择的。质变学习者开始意识到，他们存在的个人问题其实是其他女性共同的问题，事实上是公共问题。

在第六章中，通过对重返校园研究的推断，我对质变过程的各个阶段做了梳理。任何成人学习者群体都可能包括一些已经参与该过程不同阶段的人。创建一个具有这种差异性的对话群体是有可能的，但也是困难的。（但当学习者主动参与并积极寻找处理类似迷茫窘境的方法时，这项任务就会变得更容易）然而，差异性有助于确保在任何阶段都有多个学习者，从而提高每个人前进的机会。有证据表明，与处在更超前阶段的人相比，那些仅领先一阶段的人在促进变革方面可能比后一阶段的学习者更具影响力。榜样在实现质变中发挥重要作用。

在某些情况下，教育工作者可能面临着在完全由传统学习者组成的群体中促进质变学习的任务。例如，弗莱雷（1970）证明了利用教育在文盲和半文盲人群中实现质变学习的可能性；豪尔特（1990）分析了妇女运动中意识提升群体的学习过程（见第六章）。如果试图在传统学习者中引发质变学习时，教育工作者就必须让学习者定义并详细阐述让他们感到毫无争议的意义视角的所有因素。

三、教学方法

本书的姊妹篇《成人时期培养批判性反思：变革和解放学习指南》（麦基罗和同伴们，1990）展示了 17 位作者收集的课程方法和具体技术，旨在帮助学习者批判性反思其意义视角。分析的背景包括工作场所、妇女意识提升小组、集体社会行动小组、讲习班和课程。特定建议的教育方法包括意识形态分析、关键事件、生活史、期刊写作、文学、媒体分析、治疗性学习计算机程序，以及对预期认知习惯的分析。此外，还介绍了建构方格、隐喻分析、概念映射以及一种新的"行动—原因—主题分析"模式。

稍加帮助，人们就可以确定自己观点背后的假设。例如，帮助任何人学习阅读的最佳方法之一是帮助学习者识别与其信念和支持这些信念假设相关的关键词、短语或句子。成人教育研究生可以通过提出以下问题来分析关于成人学习成人教育工作者角色的信念背后的假设：

·我们仅评估预期的学习结果，从而根据获得规定的能力或行为目标来定义学习的这一禁令背后的假设是什么？

·人们将成人学习描述为"自我导向"的假设是什么？

·你对最近重要学习经历的定义的假设是什么？

四、评价

如果教育目标是促进质变学习，那么教条主义就会认为，学习成果应在教育体验之前就被详细阐述，学习成果即可观察到的行为或"能力"变化，它们是用以衡量学习成效的基准，这不是真正的质变学习，而仅仅是教育灌输的手段。在我们对长期停学后再进入大学的女性进行的研究中发现，在与促进质变学习有关的教育项目中，标准化测试未能测量控制、个人能力或自我概念的变化（麦基罗，1978）。

那么，如何设计评估以衡量质变学习？我们的研究指出："系统评估转型，成人视角质变和相关变化的最有效出发点是他们在问题意识方面的期望、目标和成熟程度"（麦基罗，1978）。对这些问题进行评估的一种方法是关注反思的变化——学习者在深思熟虑的行动和追溯性反思中对问题解决的内容和过程进行反思的程度和质量。教育工作者还应该关注由此产生的意义图式的变化及其在行动中的后果。当学习者面临迷茫窘境时，教育工作者可以关注学习者前提反思的程度和质量，以及由此产生的视角质变和反思性行动。

如前所述，其他变化的证据应该注重的是：去情境化的渐进式增长；对他人观点更加开放包容；需提高对构成日常生活情境的规范、准则、反应模式、感知过滤器的来源和后果的认识；提高参与反思性对话的质量，愿意服从反思性对话的中介权威；以及长期建立的期望和行为模式的变化。

在质变学习项目中进行评估的一种方法是提出困境假设，要求学习者在项目前后对其做出回应，然后让学习者说明做出这种回应的原因。每次困境解决之后都可以进行小组讨论，目的是就提出的问题达成一致。给出的理由可以由多个评分员独立评分，学习者也可以根据其参与群体对话的质量变化进行评分。其他类型的"投射式"评估技术也可能起作用，如对学习日志、建构方格、隐喻分析、概念映射、关键事件、媒体分析、反思性判断评估和其他促进成年人批判性反思的方法所呈现的变化进行评级（麦基罗和同伴们，1990）。

第五节　质变学习的研究

想要研究质变学习的研究者面临的问题是需要找到一种方法来获取研究对象的意义图式和意义视角。观察仅限于发现行为，而研究对象回答问题时往往无法清楚地表达他们的行为理解和意图，或者无法使用合适的表达用语让研究者明白其想法。研究对象时常提出他们"信仰的理论"——其实是他们认为自己信仰的理论——而不是他们"应用的理论"，或者说并不是他们的行为所展现出来的信念（坎迪，1989）。

试图克服这些问题的研究方法包括参与观察、生活史、案例研究、关键事件、建构方格、Q排序、开放式访谈、学习日志、隐喻分析、概念映射、反思性判断访谈以及"行动—原因—主题技巧"（Mezirow，1990）。研究人员最好是在真实生活情境而不是在人为模拟的情境中寻找感知、思维、判断、情感和行为的相似性与差异。其他研究对象的选择通常由他们对进一步测试新模式有效性的意义决定；在扎根理论研究中，这被称为理论抽样。例如，如果要绘制第五章中描述的"受约束的"社会愿景，研究者选择分享想法的研究对象，以便从不同的视角对其进行对比。

罗杰·古尔德的工作证明了质变学习研究的价值。古尔德为在人生转折期遇到困难的成年人举办了研讨会，并展开长达几个月的录制。通过这项活动，结合心理治疗师的经验，他确定了问题的共同模式、阻碍改变的功能失调反应、防御机制、引发问题的且与父母有关的童年创伤经验，以及由此产生的妨碍适当行动的错误假设和前提。古尔德的分析十分具有包容性和鉴别性，故而他能够将他的发现转化为一个计算机程序，该程序似乎可以实现短期治疗的许多功能（罗杰·古尔德，1990）。

质变学习研究重点在于反思性思维、对话和行动如何形成及其后果的理性过程。它在很大程度上局限于受限的而非普遍的主张。研究者的判断取决于研究者和其他人的经验实例，而不是像实证研究那样基于普遍认可的代表性样本。对实例的分析不是最终的或完整的，新资料、新情境和新视角使得每个判断或信念都是暂时的。这种类型的探究，就像正在研究的学习过程一样，采取质疑主张、审视证据、评估论据的形式。

成人教育研究者率先发展了参与式或行动研究，模糊了学习和研究之间的区别（加文塔、霍顿，1989）。在这种研究中，研究对象自己进行研究。该过程包括：（1）积极参与制定行动计划；（2）采取行动；（3）观察所发生的事情；（4）批判性地反思结果；（5）通过一系列循环进一步规划、行动和反思。借鉴哈贝马斯的思想，凯尔和凯米斯（1983）将批判性反思维度引入这一研究范式。在他们的提议中，参与性行动研究实际上将整合使用批判性对话来验证学习的概念，作为集体行动过程的一个阶段。早期描述的成人学习和理性对话的理想条件也可以作为此类行动研究的标准。

　　几年前，田纳西州诺克斯维尔附近的教育和苏格兰研究中心有一个生动的行动研究实例。该中心培训了来自 6 个州 50 个阿巴拉契亚贫困社区中受教育程度有限的人，以挖掘他们所在地区的公共记录（加文塔和霍顿，1989）。令人震惊的结果表明，少数几家大型矿业公司拥有大部分土地且几乎不或完全不纳税，导致学校、住房和社会服务几乎没有公共资金。研究发现，三分之二的矿主每英亩缴纳的财产税不到25美分！参与这项参与性研究的人随后计划并采取集体社会行动，使公职人员了解情况并加以纠正。行动带来的是全州新的基层组织、公众舆论的动员以及产生重大变化的法院裁决。

第六节　结论

　　并非所有的学习都是质变性。我们可以简单地通过向意义图式中添加知识或学习新的意义图式来理解经验。成人教育旨在帮助成人学习，理应担负起这种学习的责任，它对学习者来说可能是至关重要的体验。

　　质变学习包括反思性地转变构成我们意义图式的信念、态度、观点和情绪反应，或转变我们的意义视角（即一组相关的意义图式）。在这种学习中，教育工作者和成人学习者之间的关系就像一位导师试图帮助朋友决定如何处理一个重大生活问题，而他的朋友可能还没有明确发现这个问题就是困境的根源。教育工作者帮助学习者关注并审视作为信念、情感和行为基础的认识论、社会和心理假设；评估这些假设的后果；识别和探索替代假设；并通过有效参与反思性对话来检验假设的有效性。专业的成人教育工作者除了担任内容专家、小组建设者、学术顾问、培训师、社会工作者、社会活动家或教育项目管理者等角色，还具有这一主要职能。

我们专业的成人教育工作者致力于帮助学习者变得更有想象力、更直观，并批判性地反思假设；通过有效参与批判性对话而变得更加理性；并获得更具包容性、整合性、鉴别性的意义视角，且对其他替代视角更开放包容。这样做，我们可以帮助其他人甚至自己更全面、更可靠地理解我们共同经历的意义。

总　结

本章提出了我认为应该纳入成人教育哲学的基本目标，包括帮助学习者自我引导、自我反思和变得理性，并帮助组建尊重和培养这些品质的对话群体。本章还探讨了帮助成年人实现质变学习的伦理考虑，包括与价值冲突和心理问题相关的问题。本章还讨论了质变学习、成人教育和社会行动之间的关系。最后，本章考虑了如何将促进质变学习的技术纳入成人教育项目的需求评估、教学方法和评价等方面，以及成人学习研究。

本章中提出的有关成人教育主张包括：

1. 成人教育的目标是帮助成人学习者更具批判性反思能力，更充分、更自由地参与理性对话和行动，并向更具包容性、鉴别性、渗透性和经验整合性的意义视角发展。

2. 鼓励质变学习的成人教育工作者的核心义务是通过对其假设和前提的历史、情境和后果的批判性审视，培养学习者对自己的信念或意义图式的反思。附带责任是组建对话群体，其规范符合理想学习条件。

3. 参与批判性对话的理想条件也构成了成人学习的理想条件。

4. 即使教育工作者和学习者都无法预测过程的结果，或即使过程中产生的行动可能是危险的或在给定时间内难以实施，教育工作者发起和促进质变学习依然是合乎道德的。

5. 只要教育工作者不试图强迫或操纵学习者接受他们的观点，而是鼓励学习者从最广泛的相关观点中自由选择，质变学习和教育就是道德的。然而，即使学习者是在理性对话后决定采取某些行为，但这些行为若与教育工作者自身道德规范相冲突，教育工作者则不必帮助学习者实施这些行为。

6. 成人教育工作者应该具备足够的心理学知识和敏感性，以便能够帮助健康的学习者应对意义视角中常见的心理扭曲，这些心理扭曲会阻碍人生顺利转折。教育工作者应该能够区分这些学习者和那些患有心理疾病且需要专业心理治疗的人。

7. 所有的质变学习都是依据从批判性反思中得出的见解，从而采取行动的。当质变学习所解决的扭曲涉及社会文化问题时，社会行动便成了质变学习过程中不可或缺的一部分。社会行动可能涉及关系、政治组织、经济或文化制度的变化。改变制度需要集体政治行动，这往往是一个漫长而艰难的过程。

8. 自由、民主、平等、正义和社会合作是学习者参与批判性对话的最佳和必要条件。成人教育工作者应积极支持促进这些价值观的教育和社会倡议。它们还应帮助学习者理解参与集体社会或政治行动所涉及的内容。虽然集体社会行动教育是成人教育中的一个专业领域，但每个成人教育工作者都应该具备此领域的基本知识。

9. 学习过程和教育干预、需求评估和目标设定、准备学习的决心、计划或课程开发以及教学和评估等在本质上是不同的，这取决于学习者的意义图式是工具性学习还是交往性学习。尽管这两个学习领域在大多数学习体验中都发挥了作用，但如果侧重的是其中一个领域，则需要适当的干预措施。而适合工具性学习的教育方法常常被误用到交往性学习中。

10. 如果学习者拥有的知识更多、更自由和扭曲的意义视角更少，那么此时学习者表现出的兴趣就是他们的真正兴趣。学习者兴趣的真实性是通过其与学习者的自我或美好生活概念的一致性来衡量。应该扩大对学习者"需求"的评估，以找寻他们的真正兴趣。

11. 对质变学习成果的评估应尝试映射学习者最初的意义视角，并将其与学习者后来的意义视角进行比较。差异分析应具备一些能力，包括兴趣、目标、问题意识、情境意识、批判性反思和行动的变化、对替代视角的开放性、自由和充分参与理性对话的能力，以及接受共识验证作为交往性学习中问题解决的模式。

参考文献

Angeles, P. A. A Dictionary of Philosophy. London: Harper & Row, 1981.

Arlin, P. "Cognitive Development in Adulthood: A Fifth Stage?" Developmental Psychology, 1975, 2, 602–606.

Barer–Stein, T. "Learning as a Process of Experiencing the Unfamiliar." Studies in the Education of Adults,1987, 19, 87–108.

Basseches, M. Dialectical Thinking and Adult Development. Norwood, N.J.: Ablex, 1984.

Bateson, G. Steps to an Ecology of Mind. New York: Basic Books, 1972.

Bee, H. L. The, Journey of Adulthood. New York: Macmillan, 1987.

Berardo, F. M. (ed.). Middle and Late Life Transitions: The Annals of the American Academy of Political and Social Science, 1982, 464.

Berger, P., and Luckmann, T. The Social Construction of Reality. New York: Doubleday, 1966.

Berkson, W., and Wettersten, J. Learning from Error: Karl Popper's Psychology of Learning. La Salle, Ill.:Open Court, 1984.

Bernstein, R. J. (ed.). Habermas and Modernity. Cambridge, Mass.: MIT Press, 1985.

Blanchard–Fields, F. "Postformal Reasoning in a Socioemotional Context." In M. Commons and others(eds.), Adult Development. New York: Praeger, 1989.

Blumer, H. Symbolic Interactionism: Perspective and Method. Englewood Cliffs. N.J.:Prentice– Hall, 1969.

Boud, D., and Griffin, V. Appreciating Adults' Learning. From the Learner's Perspective. London: Kogan Page, 1987.

Boud, D., Keough, R., and Walker, D. (eds.), Reflection: Turning Experience into Learning. London: Kogan Page, 1985.

Bowers, C. A. The Promise of Theory: Education and the Politics of Cultural Change. New York: Longman, 1984.

Boyd, R. D. "Facilitating Personal Transformation in Small Groups." Small Group Behavior, 1989, 20, 459–474.

Boyd, R. D., Kondrat, M. E., and Rannells, J. S. "The Developmental Stages of the Anima and Animus in Small Groups II." Group Analysis, 1989, 22, 149–59.

Boyd, R. D., and Myers, J. G. "Transformative Education." International Journal of Lifelong Education,1988, 7, 261–284.

Brammer, L. M., and Abrego, P. J. "Intervention Strategies for Coping with Transitions." The Counseling Psychologist, 1981, 9, 19–36.

Bridges, W. Transitions: Making Sense of Life's Changes. Reading, Mass.: Addison–Wesley, 1980.

Brookfield, S. Understanding and Facilitating Adult Learning. San Francisco: Jossey–Bass, 1986.

Brookfield, S. Developing Critical Thinkers. San Francisco: Jossey–Bass, 1987a.

Brookfield, S. Learning Democracy. London: Croom Helm, 1987b.

Brooks, A. K. "Critically Reflective Learning Within a Corporate Context." Unpublished doctoral dissertation, Teachers College, Columbia University, 1989.

Broughton, J. "'Beyond Formal Operations' : Theoretical Thought in Adolescence." Teachers College Record,1977, 79, 89–97.

Bruner, J. "On Perceptual Readiness." Psychological Review, 1957, 64, 123–152.

Bruner, J. The Relevance of Education. New York: Norton, 1973.

Bruner, J. Actual Minds, Possible Worlds. Cambridge, Mass.: Harvard University Press, 1986.

Buck–Morss, S. "Piaget, Adorno and Dialectical Operations." In J. Broughton (ed.), Critical Theories of Psychological Development. New York: Plenum Press, 1987.

Candy, P. C. "Constructivism and the Study of Self–Direction in Adult Learning." Studies in the Education of Adults, 1989, 21, 95–116.

Carr, W., and Kemmis, S. Becoming Critical: Knowing Through Action Research. Victoria, Australia:Deakin University, 1983.

Cell, E. Learning to Learn from Experience. Albany: State University of New York, 1984.

Clark, M. C., and Wilson, A. L. "Through the Paradigm: An Analysis of Mezirow's Theory of Adult Learning." Paper prepared for presentation at the Adult Education Research Conference, Athens, Ga.,May 1990.

Collard, S., and Law, M. "The Limits of Perspective Transformation: A Critique of Mezirow's Theory." Adult Education Quarterly, 1989, 39, 99–107.

Commons, R., Richards, F. A., and Armon, C. (eds.). Beyond Formal Operations in Late Adolescent and Adult Cognitive Development. New York:

Praeger, 1984.

Daloz, L. A. "The Story of Gladys Who Refused to Grow: A Morality Tale for Mentors." Lifelong Learning, 1988, 2, 4–7.

Daniels, M. E. "Disjunctures in Theory and Practice for the Critically Reflective Practitioners in an Environment for Minority Adult Students." Unpublished doctoral dissertation, Teachers College, Columbia University, 1990.

Danto, A. C. Encounters and Reflections. New York: Farrar, Straus & Giroux, 1990.

Dewey, J. How We Think. Chicago: Regnery, 1933.

Dobert, R., Habermas, J., and Nunner–Winkler, G. "The Development of the Self." In J. Boughton (ed.),Critical Theories of Psychological Development. New York: Plenum Press, 1987.

Douglas, M. Purity and Danger: An Analysis of the Concepts of Pollution and Taboo. New York: Pantheon Books, 1966.

Douglas, M. Purity and Danger. Harmondworth, England: Penguin Books, 1974.

Dudley, N. Q. "The Experience of Changing to a New World View: A Phenomenological Study of the Emergent Paradigm Shift." Unpublished doctoral dissertation, University of Victoria, 1987.

Elias, J. L., and Merriam, S. Philosophical Foundations of Adult Education. Huntington, N.Y.: Krieger,1980.

Evans, A., Evans, R., and Kennedy, W. Pedogogies for the NonPoor. Maryknoll, N.Y.: Orbis, 1987.

Favell, J. "On Cognitive Development." Child Development, 1982, 53, 1–10.

Ferguson, M. The Aquarian Conspiracy; Personal and Social

Transformation in the 1980s. Los Angeles:Tarcher, 1980.

Fingarette, H. The Self in Transformation. New York: Harper, 1963.

Finger, M. Apprendre une issue; l'education des adults a l'age de la transformation de perspective [Adult Education in an Age of Perspective]. Lausanne, Switzerland: Editions L.E.P. Loisirs et Pedagogie S.A., 1989a.

Finger, M. "New Social Movements and Their Implications for Adult Education." Adult Education Quarterly, 1989b, 40, 15–22.

Fiske, S., and Taylor, S. Social Cognition. New York: Random House, 1984.

Foucault, M. The Archeology of Knowledge. New York: Pantheon, 1972.

Freire, P. Cultural Action for Freedom. Monograph Series No. 1. Cambridge, Mass.: Harvard Education Review and Center for the Study of Development and Social Change, 1970a.

Freire, P. Pedagogy of the Oppressed. New York: Herder and Herder, 1970b.

Gagne, R. M. The Conditions of Learning. (Rev. ed.) New York: Holt, Rinehart & Winston, 1972.

Galanter, E., and Gerstenhaaber, M. "On Thought: The Extrinsic Theory." Psychological Review, 1956, 63,218–227.

Gaventa, J., and Horton, B. D. "A Citizens' Research Project in Appalachia, USA." In Highlander Research and Education Center: An Approach to Education Presented Through a Collection of Writings. New Market, Tenn.: Highlander Center, 1989a.

Gaventa, J., and Horton, B. D. "Participatory Research in North America." In Highlander Research and Education Center: An Approach to Education Presented Through a Collection of Writings. New Market,Tenn.: Highlander Center, 1989b.

Geertz, C. The Interpretation of Cultures. New York: Basic Books, 1973.

Geuss, R. The Idea of a Critical Theory: Habermas and the Frankfurt School. Cambridge: Cambridge University, 1981.

Gidden, A. New Rules of Sociological Method. New York: Basic Books, 1976.

Glaser, B., and Strauss, A. The Discovery of Grounded Theory. Chicago: Aldine, 1967.

Goffman, E. Frame Analysis. New York: Harper & Row, 1974.

Goleman, D. "Insights into Self Deception." New York Times Magazine, May 12, 1985a, p. 42.

Goleman, D. Vital Lies, Simple Truths: The Psychology of Self Deception. New York: Simon & Schuster,1985b.

Goleman, D. "Studies Offer Fresh Clues to Memory." New York Times, March 27, 1990.

Goodman, E. Turning Points: How People Change Through Crisis and Commitment. Garden City, N.Y.:Doubleday, 1979.

Gould, R. L. Transformation: Growth and Change in Adult Life. New York: Simon & Schuster, 1978.

Gould, R. L. "Adulthood." In H. Kaplan and B. Sadock (eds.), Comprehensive Textbook of Psychiatry. (5th ed.) Baltimore: Williams & Wilkins, 1989.

Gould, R. L. "The Therapeutic Learning Program." In J. Mezirow and Associates (eds.), Fostering Critical Reflection in Adulthood: A Guide to Transformative and Emancipatory Learning. San Francisco: Jossey–Bass, 1990.

Gouldner, A. W. The Dialectic of Ideology: The Origins, Grammar and Future of Ideology. New York:Seabury Press, 1976.

Graesser, A. C., and Clark, L. F., Structures and Procedures of Implicit

Knowledge. Norwood, N.J.: Ablex,1985.

Gramsci, A. Prison Notebooks. New York: International Publishers, 1971.

Greene, M. The Teacher as Stranger. Belmont, Calif.: Wadsworth, 1973.

Greene, M. "Curriculum and Consciousness." In W. Pinar (ed.), Curriculum Theorizing. Berkeley:McCutchan, 1975.

Greene, M. "In Search of a Critical Pedagogy." Harvard Education Review, 1986, 56, 427–441.

Grendlin, E. T. "Befindlichkeit: Heidegger and the Philosophy of Psychology." Review of Existential Psychology and Psychiatry, 1978–79, 16, 43–71.

Griffin, C., "Critical Thinking and Critical Theory in Adult Education." In Transatlantic Dialogue: A Research Exchange. England: University of Leeds, 1988.

Habermas, J. Knowledge and Human Interests. Boston: Beacon Press, 1971.

Habermas, J. The Theory of Communicative Action. Vol. 1: Reason and the Rationalization of Society. Vol.2: Lifeworld and System: A Critique of Functionalist Reason. (Trans. Thomas McCarthy.) Boston:Beacon Press, 1984, 1987.

Halpern, D. F. Thought and Knowledge: An Introduction to Critical Thinking. Hillsdale, N.J.: L. Erlbaum,1984.

Hammerman, M. L. "Commonalities of Self–Directed Learning and Learning in Self–Help Groups." Unpublished doctoral dissertation, Northern Illinois University, 1989.

Hanson, N. R. "Reduction: Scientists Are Not Confined to the H–D Method." In L. Krimerman (ed.),Nature and Scope of Social Science. New York: Appleton–Century–Crofts, 1981.

Hart, M. "Consciousness Raising." In Jack Mezirow and Associates (eds.), Fostering Critical Reflection in Adulthood: A Guide to Transformative and Emancipatory Learning. San Francisco: Jossey–Bass, 1990a.

Hart, M. "Critical Theory and Beyond: Further Perspectives on Emancipatory Education." Adult Education Quarterly, 1990b, 40, 125–138.

Hattiangadi, J. N. How Is Language Possible? La Salle, Ill.: Open Court, 1987.

Heaney, T., and Horton, A. "Reflective Engagement for Social Change." In J. Mezirow and Associates (eds.),Fostering Critical Reflection in Adulthood: A Guide to Transformative and Emancipatory Learning. San Francisco: Jossey–Bass, 1990.

Henry, J. N. "Development and Learning for Transformation: A Model Linking Lifelong Learning and Transpersonal Psychology." Unpublished doctoral dissertation, University of Georgia, 1988.

Heron, J. "Validity in Cooperative Inquiry." In P. Reason (ed.), Human Inquiry in Action: Developments in New Paradigm Research. London: Sage, 1988.

Horton, M., with J. and H. Kohl. The Long Haul: An Autobiography. New York: Doubleday, 1990.

Hough, P. T. "An Investigation of Critical Self–Reflective Learning Among Members of Alcoholics   Anonymous." Unpub lished doctoral dissertation, Teachers College, Columbia University, 1990.

Hultsch, D., and Pentz, C. "Research in Adult Learning and Memory: Retrospect and Prospect." Contemporary Educational Psychology, 1980, 5, 298–320.

Hunter, E. K. "Perspective Transformation in Health Practices: A Study in Adult Learning and Fundamental Life Change." Unpublished doctoral dissertation, University of California, Los Angeles, 1980.

Janis, I. L. Groupthink: Psychological Studies of Policy Decisions and Fiascoes. (2nd ed., rev.) Boston: Houghton Mifflin, 1983.

Jarvis, P. Adult Learning in the Social Context. London: Croom Helm, 1987.

Johnson–Laird, P. "How Is Meaning Mentally Represented?" In U. Eco, M. Santambrogio, and P. Violi (eds.), Meaning and Mental Representations. Bloomington: Indiana University Press, 1988.

Kagan, J. "Perspectives on Continuity." In G. Brim and J. Kagan (eds.), Constancy and Change in Human Development. Cambridge, Mass.: Harvard University Press, 1980.

Keane, R. "The Experience of Doubt and Associated Learning in Religious Men." Unpublished doctoral dissertation, University of Toronto, 1985.

Kelly, G. A. The Psychology of Personal Constructs. (Vols. 1 and 2) New York: Norton, 1963.

Kieffer, C. H. "The Emergence of Empowerment: The Development of Participatory Competence Among Individuals in Citizen Organizations." Unpublished doctoral dissertation, University of Michigan, 1981.

Kisiel, T. "Paradigms." In G. Eloistad (ed.), Contemporary Philosophy: A New Survey. The Hague: Martinus Nijhoff, 1982.

Kitchener, K. S. "Educational Goals and Reflective Thinking." The Educational Forum, Fall, 1983.

Kitchener, K. S., and King, P. "The Reflective Judgment Model: Transforming Assumptions About Knowing." In J. Mezirow and Associates (eds.), Fostering Critical Reflection in Adulthood. A Guide to Transformative and Emancipatory Learning. San Francisco: Jossey–Bass, 1990.

Klein, D. B. The Concept of Consciousness: A Survey. Lincoln: University of Nebraska, 1984.

Knowles, M. Self–Directed Learning: A Guide for Learners and Teachers. New York: Cambridge Books,1975.

Knox, A. B. Adult Development and Learning. San Francisco: Jossey–Bass, 1977.

Kolb, D. A. Experiential Learning: Experience as a Source of Learning and Development. Englewood Cliffs,N.J.: Prentice–Hall, 1984.

Kuhn, D. "On the Dual Executive and Its Significance in Developmental Psychology." In D. Kuhn and I. A.Meacham (eds.), On the Development of Developmental Psychology. Basel: Karger, 1983.

Kuhn, T. S. The Structure of Scientific Revolutions. Chicago: University of Chicago Press, 1962.

Labouvie–Vief, G. "Logic and Self–Regulation from Youth to Maturity: A Model." In M. Commons, F. A.Richards, and C. Armon (eds.), Beyond Formal Operations: Late Adolescent and Adult Cognitive Development. New York: Praeger, 1984.

Labouvie–Vief, G., and Blanchard–Fields, F. "Cognitive Ageing and Psychological Growth." Ageing and Society. Vol. 2, Part 2. Cambridge: Cambridge University Press, 1982.

Lakoff, G. "Cognitive Semantics." In U. Eco, M. Santambrogio, and P. Violi (eds.), Meaning and Mental Representations. Bloomington: Indiana University Press, 1988.

Lakoff, G., and Johnson, M. Metaphors We Live By. Chicago: University of Chicago Press, 1980.

Langer, E. J. Mindfulness. Reading, Mass.: Addison–Wesley, 1989.

Lichtman, R. "The Illusion of Maturation in an Age of Decline." In J. Broughton (ed.), Critical Theories of Psychological Development. New York:

Plenum Press, 1987.

Loder, J. I. The Transforming Moment: Understanding Convictional Experiences. San Francisco: Harper & Row, 1981.

Long, H. B. Adult Learning: Research and Practice. New York: Cambridge Books, 1983.

Lovett, T., Clark, C., and Kilmurray, A. Adult Education and Community Action. London: Croom Helm,1983.

McCarthy, T. "On Misunderstanding 'Understanding.'" Theory and Decision, 1973, 3, 351–370.

Marsick, V. (ed.), Learning in the Workplace. London: Croom Helm, 1987.

Martin, J. E. Second Chance; Women Returning to Study. New York: Viking Penguin, 1988.

May, E. R. "Lessons" of the Past: The Use and Misuse of History in American Foreign Policy. London:Oxford University Press, 1973.

May, R. "Gregory Bateson and Humanistic Psychology." Journal of Humanistic Psychology, 1976, 16, 33–51.

Mezirow, J. Education for Perspective Transformation: Women's Reentry Programs in Community Colleges.New York: Center for Adult Education, Teachers College, Columbia University, 1975.

Mezirow, J. "Perspective Transformation." Adult Education, 1978, 28, 100–110.

Mezirow, J. "A Critical Theory of Adult Learning and Education." Adult Education, 1981, 32, 3–24.

Mezirow, J., and Associates. Fostering Critical Reflection in Adulthood: A Guide toTransformative and Emancipatory Learning. San Francisco: Jossey-Bass, 1990.

Mills, C. W. The Sociological Imagination. New York: Grove Press, 1961.

Mines, R. A., and Kitchener, K. S. Adult Cognitive Development: Methods and Models. New York: Praeger,1986.

Morgan, J. H. "Displaced Homemaker Programs: The Transition from Homemaker to Independent Person." Unpublished doctoral dissertation, Teachers College, Columbia University, 1987.

Mullins, P. "Cognitive Development in the Introductory Course: The Pedagogue's Typological Imagination." Teaching Learning Issues, 1988, 62.

Musgrove, F. Margins of the Mind. London: Methuen, 1977.

Nisbet, R., and Ross, L. Human Inference: Strategies and Shortcomings of Social Judgment. Englewood Cliffs, N.J.: PrenticeHall, 1980.

O'Neill, N., and O'Neill, G. Shifting Gears. New York: Avon, 1978.

Parsons, A. S. "The Conventions of the Senses: The Linguistic and Phenomenological Contributions to a Theory of Culture." Human Studies, 1988, 2, 3–41.

Peck, M. S. The Different Drum. Community Making and Peace. New York: Simon & Schuster, 1987.

Perry, W. G. Forms of Intellectual and Ethical Development in the College Years: A Scheme. New York: Holt, Rinehart & Winston, 1970.

Piaget, J. Six Psychological Studies. New York: Random House, 1967.

Polanyi, M. The Tacit Dimension. Garden City, N.Y.: Doubleday, 1967.

Preciphs, T. K. "Understanding Adult Learning for Social Action in a Volunteer Setting." Unpublished doctoral dissertation, Teachers College, Columbia University, 1989.

Reddy, M. J. "The Conduit Metaphor–A Case of Frame Conflict in Our Language About Language." In A.Ortoni (ed.), Metaphor and Thought. Cambridge: Cambridge University Press, 1979.

Rogers, M. "The Topic of Power." Human Studies, 1982, 5, 183–194.

Rosenfield, I. The Invention of Memory: New View of the Brain. New York: Basic Books, 1988.

Roth, I. "Challenging Habits of Expectation." In J. Mezirow and Associates, Fostering Critical Reflection in Adulthood. San Francisco: Jossey-Bass, 1990.

Schlossberg, N. K. Counseling Adults in Transition. New York: Springer, 1984.

Schön, D. A. "Generative Metaphor: A Perspective on ProblemSetting in Social Policy." In A. Ortony (ed.),Metaphor and Thought. Cambridge: Cambridge University Press, 1979.

Schön, D. A. The Reflective Practitioner. How Professionals Think in Action. New York: Basic Books,1983.

Shainberg, D. "The Transforming Self" : New Dimensions in Psychoanalytic Process. New York: Intercontinental Medical Book Corp, 1973.

Shapiro, D. Psychotherapy of Neurotic Character. New York: Basic Books, 1989.

Shapiro, M. J. Language and Political Understanding. New Haven: Yale University Press, 1981.

Sherman, E. Meaning in Mid-life Transitions. Albany: State University of New York Press, 1987.

Singer, E. "Identity vs. Identification: A Thorny Psychological Issue." Review of Existential Psychology and Psychiatry, 1965, 5, 160–175.

Sinnott, W. E. "Meanings of 'Paradigm' as Ways of Understanding Adult Education: An Interpretative Excursion Through the Literature." Unpublished study, St. Francis Xavier University, Antigonish, NovaScotia, 1986.

Skinner, B. F. "B. F. Skinner Insists It's Just Mind Over Matter," New York Times, Sept. 13, 1987.

Sloan, T. S. Deciding: Self–Deception in Life Choices. New York: Methuen, 1986.

Sowell, T. A Conflict of Visions. New York: Morrow, 1986.

Suanmali, C. "The Core Concepts of Andragogy." Unpublished doctoral dissertation, Teachers College,Columbia University, 1981.

Sztompka, P. System and Function. New York: Academic Press, 1974.

Taylor, J. A. Transformative Learning: Becoming Aware of Possible Worlds. Unpublished Master of Arts thesis, University of BritishColumbia, 1989.

Tennant, M. Psychology and Adult Learning. London: Routledge, 1988.

Tulvig, E. "Remembering and Knowing the Past." American Scientist, 1989, 77, 361–367.

Turner, V. W. The Ritual Process. Harmondsworth, England: Penguin Books, 1974.

Wertsch, J. (ed). The Concept of Activity in Soviet Psychology. Armonk, N.Y.: M. E. Sharpe, 1979.

Wildemeersch, D., and Leirman, W. "The Facilitation of the Life–World Transformation." Adult Education Quarterly, 1988, 39, 19–30.

Williams, G. H. "Perspective Transformation as an Adult Learning Theory to Explain and Facilitate Change in Male Spouse Abusers." Unpublished doctoral dissertation, Northern Illinois University, 1986.

Winter, R. Learning from Experience: Principles and Practices in Action Research. London: Falmer Press,1989.

Wittgenstein, L. Philosophical Investigations. (3rd ed.) (Trans. G. E. M. Anscombe.) New York: Macmillan,1958.

Wolff, J. "Hermeneutics and the Critique of Ideology." The Sociological Review, 1975, 23, 811–828.

Young, L. M. "Postpartum Programs: Mothers' Concerns, Learnings and

Perceived Effects." Unpublished doctoral dissertation, University of Toronto, 1988.

Yussen, S. R. (ed.). The Growth of Reflection in Children. Orlando, Fla.: Academic Press, 1985.

Zaner, R. M. The Context of Self. Athens: Ohio University Press, 1981.